小学校国語

アイデア事典

漢字の学習

楽しく学んでしっかり身につく！

二瓶弘行 編著

国語"夢"塾 著

明治図書

本書は2018〜2022年度の『授業力＆学級経営力』の連載を編集，増補して作成した書籍です。

目次

楽しく学んでしっかり身につく！
漢字の学習のアイデア71

高学年

イントロダクション

生きて働く
漢字の力を育てよう

桃山学院教育大学
二瓶弘行

1　すべての言語活動を支える「漢字の力」

　　全部で1026字。

　　この数は，小学校教師なら周知の通り，小学校6年間で学ぶ総漢字数です。中学校3年までの義務教育9年間で学習する「常用漢字」は2136字ですから，その約半数を小学校の子どもたちは学ぶことになります。

　　この小学校学習漢字1026字を一字一字丁寧に検討してみると，どの漢字も極めて重要なものばかりです。

　　国語科は，人が確かな人として，この社会を生きていくために必須な「生きる力」としての「言葉の力」を育む教科です。言葉を読む力，言葉を書く力，言葉を話す力，言葉を聞く力。この「言葉の力」をすべての子どもたちに育成するために，私たち教師は日々の国語授業づくりに精を尽くします。

　　そして，漢字。「漢字の力」なくして，読む力も書く力も，ひいては，話し聞く力も確かなものにはなりません。「漢字の力」は，すべての言語活動を支える基盤となる言語能力なのです。

　　では，全1026字の漢字をどのように獲得させていけばよいのか。

　　全国津々浦々の国語教室で，様々に漢字の学習は展開されています。

　　例えば，教科書の新出漢字を順番に1字ずつ確かめ，ノートに書く。

　　漢字ドリルや漢字プリントを使い，1ページに1字ずつ書き込む。

　　家庭学習（宿題）で，1つの漢字を10回ずつ反復練習する。

　　毎週の漢字小テストを繰り返し，満点シールを目指し，習得を徹底する。

どの学習も大切です。手間暇はかかりますが，工夫をこらして，新出漢字を反復して習得させなければなりません。

　ただ，こんな教室現場の声があります。

「漢字テストで100点満点とれるように，どの子もがんばった。

けれども，習ったはずの漢字が文章読解に使えない。

習ったはずの漢字が作文に使えない」

　すべての子どもたちに，生きて働く「漢字の力」を育む必要があります。

2　生きて働く「漢字の力」を育むために

　次ページに掲載したのは，学習指導要領が提示する小学校第1学年学習漢字・全80字です。私が80字をランダムに配置して作成したこの漢字表で，実に多くの漢字学習を展開することが可能です。

> **学習課題1**
>
> 　80字を自由に組み合わせて，漢字2字の言葉（二字熟語）をなるべくたくさんつくりなさい。ただし，一度使った漢字はもう使えません。

　例えば，「森林」「学校」「小石」…。80字ですから，一度に最多で40組の二字熟語をつくることが可能です。40組を目指して，少しでも多くの熟語づくりに挑戦するのです。グループでやると，必死になって取り組みます。この学習を通して，すべての漢字が「記号」ではなく，「意味をもつ言葉」をつくっていることに気づくのです。

　2年生以上ならば挑戦可能で，高学年では，家庭まで持ち帰って挑戦し，見事に80字40組の熟語を完成させる子どもも出てきます。ちなみに，私も挑戦し，40組の二字熟語を達成しました。2時間かかりましたが…。

　この学習のポイントは，1年生の全漢字は，常用漢字の基本となる漢字であるということです。だからこそ，40組の熟語づくりも可能となります。

	①	②	③	④	⑤	⑥	⑦	⑧	⑨	⑩
				小学校第１学年学習漢字・全80字						
1	見	林	男	十	九	文	白	石	三	雨
2	森	月	立	村	車	学	火	入	青	校
3	虫	小	金	名	草	川	四	音	二	正
4	六	竹	出	休	木	八	赤	山	円	田
5	犬	力	大	手	気	花	年	夕	左	右
6	上	空	目	足	七	糸	下	日	生	口
7	中	女	玉	本	早	千	子	王	土	水
8	耳	先	百	貝	字	天	一	五	人	町

学習課題２

　縦列①の漢字８字「見・森・虫・六・犬・上・中・耳」の中から，自由に３字を選んで，意味の通じる，なるべく短い一文をつくりなさい。８字以外の漢字も自由に使ってかまいません。

　縦列の８字から３字の自由選択は，低学年から学習可能な課題です。

○「森」の「中」に「虫」がいた。

○「六」ぴきの「犬」を「見」た。

　縦列①の次は，縦列②，③…と，どんどん進めます。縦列⑩が終わったら，

今度は，横列の1〜8に挑戦します。

　学年の実態に応じて，4字自由選択，5字自由選択…と発展させていきます。最終段階は，「8字すべての漢字を必ず使って，短い一文をつくる」という課題に挑戦します。子どもたちは長い文をつくりますが，ポイントは「なるべく短い」ことです。

　仲間の見事な一文を紹介すると，大きな拍手が起こります。

縦列①8字　森の中で，犬の耳の上に，六匹の虫がとんでいるのを見た。
縦列②8字　女の先生が，小さな竹林で，空の月にむかい，力強く歌う。

　同様に，縦列③〜⑩，さらには横列10字を使っての短い一文づくりへと，いくらでも発展が可能です。

　この学習を通して，自分のイメージを漢字を使って書き表すという重要な力を獲得していきます。「漢字の力」が生きて働く言語力に転化するのです。

　第1学年の学習漢字表を使って楽しく学んだ子どもたちは，各学年の新出漢字を学習する際にも同様な一文づくりに挑戦し，「学んだ漢字が自分の文章表現に使える」という，極めて大切な漢字の力を習得していきます。

　参考までに，縦列⑤8字に挑んだ6年生の教え子の"傑作"を紹介します。これを見た仲間たちからは，ひときわ大きな歓声と拍手が起こりました。

縦列⑤8字　九・車・草・木・気・七という字を，朝早くに書いた。

　この他にも，学習漢字表を使い，漢字の読み，構成，画数などに焦点化した課題を導入することもできます。学年の学習漢字に合わせて，表の漢字を入れ替えるだけで，簡単にいくらでも新たな漢字表づくりが可能です。

　新出漢字のドリル反復学習は重要です。ただ，いくら覚えても，それで終わってしまったら，単なる「記号」です。様々な言語活動で「使える漢字」すなわち，生きて働く「漢字の力」として習得させる学習の工夫が大切です。

ひらがなをつなげて言葉にしよう！

ねらい

友だちと協力してできるだけたくさんのひらがなを使って言葉づくりをすることを通して，語彙を増やす。

概要

ひらがなを学習している1年生が，学習したひらがなのカードをよりたくさん使って言葉をつくっていくゲームです。

最初は，少ない数のカードで言葉づくりの練習をします。そして，少しずつカードの数を増やしていき，最終的には50音すべてで言葉をつくることにチャレンジしてみるとよいでしょう。

例えば，「あ」「い」「う」「え」「お」の5つのカードでは，どんな言葉づくりができるでしょうか。「いえ」「あお」で1枚「う」が余ります。このゲームでは，こうして最後に余ったカードの枚数が少ないグループが勝ちです。だんだんとカードの枚数を増やしていくと，できる言葉のバリエーションが増えます。

友だちと相談して考えると，自然と語彙が増えていきます。また，宿題として個人で考えられるようにしてもよいでしょう。カードを並べながら試行錯誤している1年生の姿は，大変ほほえましいものです。

（流田　賢一）

ポイント

●何度もチャレンジして，言葉をつくる楽しさを味わわせるべし！

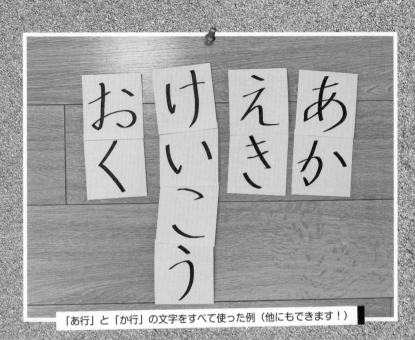

「あ行」と「か行」の文字をすべて使った例（他にもできます！）

「あ行」と「か行」と「さ行」の文字をすべて使った例（他にもできます！）

全員クロスワードづくりで
言葉を広げよう

ねらい

学級全員でクロスワードを継続してつくり，広げていく活動を通して，言葉や文字に対する興味を高める。

概要

大きな方眼用紙を教室に掲出し，何か単語を書き込みます。クロスワードについての説明をしたら，その日の日直だったり，出席番号順だったりで，さっそくクロスワードを広げていきましょう。あとは国語の授業の冒頭などで時間をとり，どんどん広げていきます。

低学年の言葉の世界を広げる言語活動と言えば，しりとりが真っ先に思い浮かぶでしょう。もちろんしりとりも有効な活動なのですが，語頭が限定されてしまうという点で低学年の子どもにとってはやや厳しくなります。

クロスワードであれば，語頭，語末，語の中程など，どこからでも始められるという点で自由度が高くなります。また，クロスワードのあちこちを見ながら「自分の番になったら，この部分を使ってみよう」と見通しをもつこともできます。広がっていけばいくほど，子どもの自由な発想が生まれてくることでしょう。

（佐藤　拓）

ポイント

●なじみの薄い言葉が出たら言葉の世界を広げる好機と捉えるべし！

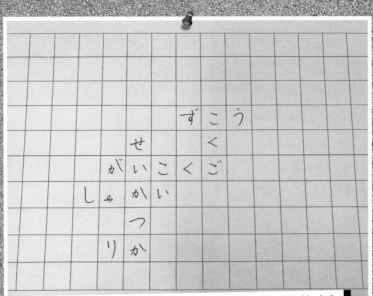

大きな方眼用紙に書き込むだけで，低学年の子どもはわくわくします

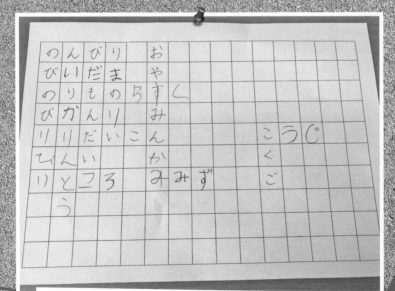

どこからでもつなぐことができるところに取り組みやすさがあります

大きな言葉と小さな言葉を集めよう！

ねらい

大きな言葉（上位概念）から小さな言葉（下位概念）を連想して蓄積する活動を通して，語彙を増やす。

概要

低学年の語彙指導の難しさは，言葉と実生活がなかなか結びつかないところにあります。見たことのない現象や経験のない感情についての言葉をいくら教え込んでも，実感を伴わない理解ではすぐに抜け落ちてしまいます。そこで，１つの言葉をより強固に定着させるためには，言葉をバラバラとまとまりなく蓄積していくのではなく，その言葉と別の言葉を結びつけていくことが必要になります。

例えば上位概念として「果物」を設定すれば，子どもは下位概念としての「りんご」「みかん」などをあげるでしょう。ここで子どもにとって耳なじみのない果物が出てきても，「聞いたことないけど，そんな果物もあるんだ！」と言葉が広がることになります。

上位概念を「大きな言葉」，下位概念を「小さな言葉」として整理し，この大小の言葉をつないでいくことで，子どもの語彙は広がりを見せることになるでしょう。

（佐藤　拓）

●身近な上位概念から言葉を広げていくべし！

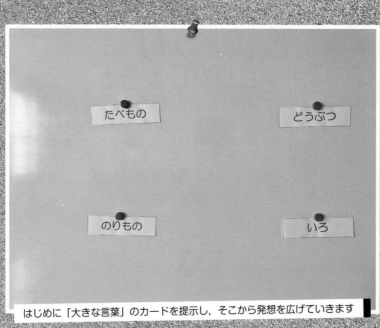

はじめに「大きな言葉」のカードを提示し，そこから発想を広げていきます

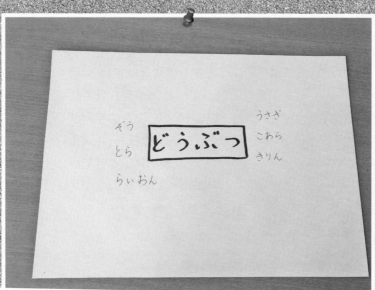

模造紙で「小さな言葉」を集めるのもおすすめ。写真で理解を促すのも1つの手です

「ことばあつめ」に
チャレンジしよう！

ねらい

　ひらがな表を基にした「ことばあつめ」を楽しみながら行うことを通して，字形や濁音，促音の使い方を覚える。

概要

　ひらがな表を使って，「ことばあつめ」を行う1年生の活動です。

　ワークシートには，ひらがな表とアイテムを提示します。条件は，「文字もアイテムも使えるのは1回だけ」ということです。使った文字は，○をつけたり，マスに色を塗ったりしてチェックしていきます。アイテムは，子どもが口に出して楽しい名前にします。濁点ならば「゛（てんてん）ツケール」，カタカナにしたい場合には「カタカナステッキ」，促音や拗音の場合は「ちいさくナール」など。活動で使っているアイテムの名前は，授業中にも合言葉のように使うことができ，楽しみながら文字の学習ができます。学習の進度に合わせて，アイテムを増やしていくのもおもしろいです。「いのしし」や「もののけ」のように，続けて2回使いたいときだけに使えるアイテム（「分身デキール」）や，漢字に変換できるアイテムを使えば，一度使った文字でも使ってよいことにするなどです。ワークシートは，友だちとアイテムの使い方を交流すると楽しめます。

（手島　知美）

● 「アイテム」の提示の仕方を工夫し，楽しく言葉を集めさせるべし！

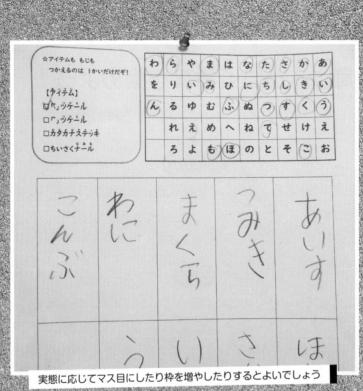

☆アイテムも もじも
　つかえるのは 1かいだけだぞ！

【アイテム】
□「゛」ツケール
□「゜」ツケール
□カタカナステッキ
□ちいさくナール

わ	ら	や	ま	は	な	た	さ	か	あ
を	り	い	み	ひ	に	ち	し	き	い
ん	る	ゆ	む	ふ	ぬ	つ	す	く	う
	れ	え	め	へ	ね	て	せ	け	え
	ろ	よ	も	ほ	の	と	そ	こ	お

こんぶ　わに　まくら　つみき　あいす

う　い　さ　ほ

実態に応じてマス目にしたり枠を増やしたりするとよいでしょう

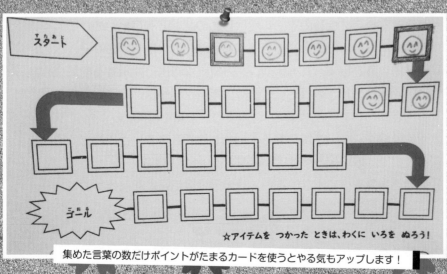

スタート

ゴール

☆アイテムを つかった ときは、わくに いろを ぬろう！

集めた言葉の数だけポイントがたまるカードを使うとやる気もアップします！

同じ音がつく言葉を集めよう！

ねらい

　同じ音がつく言葉を３つ集める活動を通して，友だちと関わり合いながら語彙を増やす。

概要

　「先生の好きな『きゅう』のつく言葉が３つあります。何か考えてみよう」のように呼びかけ，ペアやグループで相談しながら言葉を集め，発表する簡単な遊びです。教師は，３枚のカードにあらかじめ答えを書いて黒板に貼るなどしておき，正解が出たら裏返して見せます。

　この活動は，子ども同士が関わり合う場をつくったり，子どもの特徴を見取ったりする機会になるので，年度はじめの時期に取り組むのがおすすめです。問いかけに対して積極的に発言する子どもは，授業でもキーとなる発言をする子になるでしょう。ペアやグループになるよう指示する前に「相談してもいいですか？」と尋ねてくる子は，だれとでも話し合いができる子どもです。「『きゅう』で始まっても，『きゅう』で終わってもいいのですか？」と言葉の仕組みについて質問する子どもも出てきます。どこに出てきてもよいこととして，取り組みやすくします。

　短時間で３つすべて出ない場合，授業の最後に答えを発表します。

（流田　賢一）

ポイント

●カードをめくるゲーム性を入れて，楽しく言葉を集めさせるべし！

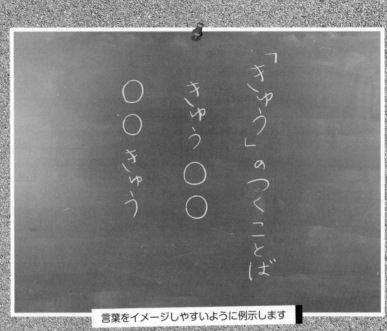

「きゅう」のつくことば

きゅう〇〇

〇〇きゅう

言葉をイメージしやすいように例示します

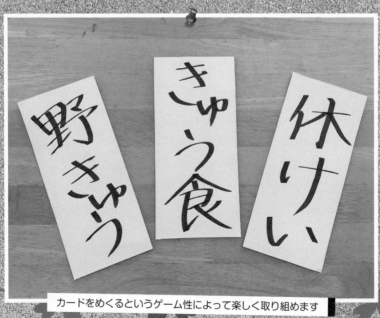

野きゅう

きゅう食

休けい

カードをめくるというゲーム性によって楽しく取り組めます

マークを見て思い浮かべたことを言葉にしよう！

ねらい

マークを見て思い浮かべたことを言葉にしていく活動を通して，意味を想像しながら言葉や文字に親しむ。

概要

黒板に「〒」のマークを書きます。子どもたちは「ゆうびん」「ゆうびんきょく」と口々に話し出します。「どうしてそう思ったの？」と聞き返すと「見たことあるもん！」と返ってきます。「すごいね！　マークって，見ると何のことだかわかるんだね」と声をかけました。ますます子どもたちの集中力が高まります。さらに「"て"という字にも見えます」「ぼくは"そ"に見えます」という発言が続きました。「そういうのを"見た目"って言います。大切な感覚ですよ！」と伝えたところで，「次は，自分の考えを丁寧にノートに書きましょう。いくつ書けるかな」と指示します。こうして，さらに考えが深まり，多様な見方が生まれていきます。

このときは，10分で2つのマークについて考えましたが，その後，この言葉さがしは，子どもたちに「マークン」と名づけられ，自分たちが考えたマークについてみんなで言葉さがしをしてほしいというリクエストがありました。

（藤井　大助）

●自分の考えをノートに書く時間を取り，全員に考えをもたせるべし！

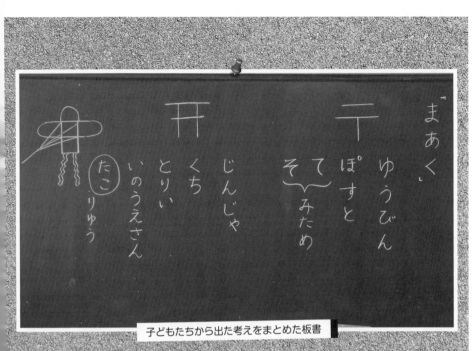

子どもたちから出た考えをまとめた板書

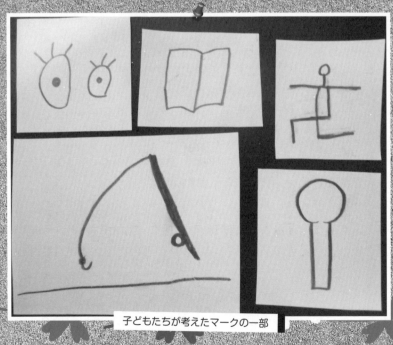

子どもたちが考えたマークの一部

「猛獣狩り」で折句をつくろう！

ねらい

ランダムに集まったメンバーと，楽しみながら折句をつくることを通して，語彙を拡充し，言葉を探すおもしろさを味わう。

概要

　折句（アクロスティック）は，パズルのように言葉を選んで組み立てるところがおもしろい言語活動です。しかし，学習形態としては，個別でじっくり取り組む活動が多くなりがちで，低学年の子どもが短時間で飽きずに遊べるようにするためには，ひと工夫が必要となります。そこで，ポピュラーな集団ゲーム「猛獣狩りに行こう」と組み合わせた活動を考えてみました。

①教師（リーダー）に続いて「猛獣狩りに行こうよ〜♪」を歌う

②教師が叫んだ動物の名前の文字数だけ仲間をつくり，手をつないで座る
　（例　「ゴリラ」なら３人，「ライオン」なら４人）

③動物の名前の１文字を１人ずつ分担し，折句を発表する（「ライオン」など「ン」が入る場合は，「ラ」「イ」「オ」「オン」とする）

④一番盛り上がる発表をしたグループから１人リーダーを選び，次を行う。

　まずは，文としてつなげることは意識させず，思い付いた言葉を言わせて盛り上がりましょう。見事意味のつながる文ができたら，大きな拍手を！

(宍戸　寛昌)

ポイント

●子どもがどんどんおもしろい言葉を見つけるよう大げさに反応するべし！

出会った仲間とお題を考えるのはとても楽しい活動です

「（ご）人の男の人が」「（り）んごを」「（ら）っぱにつめこんだ！」

連想ゲームで言葉のイメージを豊かにしよう！

ねらい

　１つの言葉から複数の言葉をイメージする力や，言葉を分類する力を高める。

概要

　語彙を豊かにするためには，複数の言葉を関連づけたり，１つの言葉からたくさんの言葉をイメージしたりする力が必要になります。連想ゲームは，そういった力を楽しく身につけることができます。

　右ページ上段の例は，真ん中の四角の言葉からイメージできるものをまわりの６つの欄に記入していきます。グループで順番に答える，ペアで交互に答える，などいろいろなやり方が考えられます。「古今東西」のように，手拍子に合わせてリズムよく言葉を言っていくと盛り上がります（ケーキ，パンパン，ろうそく，パンパン…）。

　右ページ下段の例は，言葉を並列にあげていくのではなく，言葉の包摂関係（上位語と下位語）を踏まえた構成になっています。こちらもいろいろなゲームのやり方が考えられますが，語彙を豊かにするだけでなく，言葉を分類する力も高めていくことができます。

（流田　賢一）

ポイント

●声に出して取り組むべし！
●ゲーム形式で楽しく行うべし！

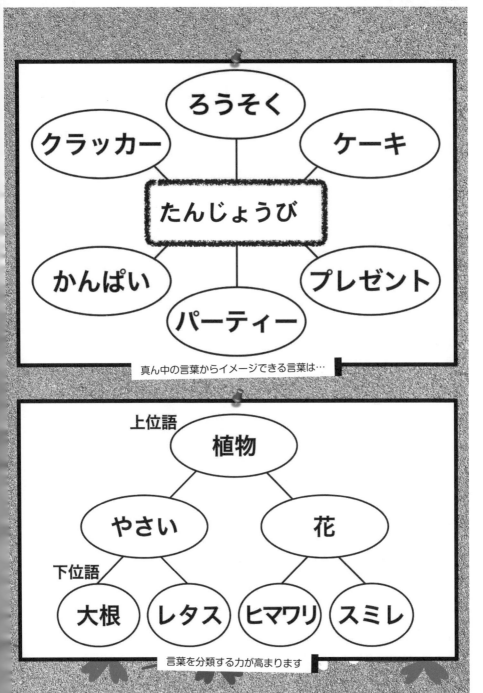

ろうそく

クラッカー

ケーキ

たんじょうび

かんぱい

プレゼント

パーティー

真ん中の言葉からイメージできる言葉は…

上位語

植物

やさい

花

下位語

大根　レタス　ヒマワリ　スミレ

言葉を分類する力が高まります

「ことばさがしパズル」を楽しもう！

「ことばさがしパズル」を解いたり，つくったりすることを通して，条件に合う言葉を集めたり，考えたりすることを楽しむ。

概要

縦と横の文字をいくつかつなげると，意味のある言葉が見えてきます。でも，空欄（アルファベット）になっているマスもあるので，当てはまる文字を考えます。

例えば，右ページ上段のパズルで見ていきます。

> ・Ｃは，縦に「おＣくじ」，横「Ｃかん」なので，「み」です。
> ・Ｂは，縦に「Ｂかん」，横「おかＢ」なので，「ず」です。
> ・Ａは，縦に「おかＡ」，横「Ａじ」なので，「ね」です。
> ・Ａ，Ｂ，Ｃは，「ね，ず，み」となります。

先生がつくった問題を楽しんだ後は，自分たちで問題をつくってみると，知的で楽しい時間になります。家で進んで取り組んでくる子も出てきます。

（山本　真司）

ポイント

●問題作成では，縦と横でつながるようにするべし！

●ヒントを出し合いながら進めさせるべし！

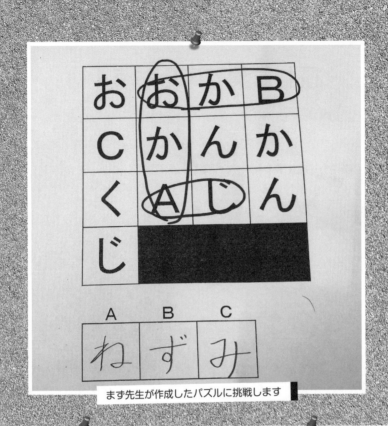

まず先生が作成したパズルに挑戦します

問題を解いた子は，自分で問題づくりに挑戦します

重ね言葉で楽しもう！

ねらい

オノマトペからイメージできる言葉や，言葉からイメージできるオノマトペを楽しく考えることができるようにする。

概要

オノマトペは低学年生にとって身近な存在。そこでおすすめなのが，オノマトペから言葉を考えたり，言葉からオノマトペを考えたりする遊びです。

【遊び１】オノマトペから言葉を考える（右ページ上段）

グループで１人回答者を決めます。１枚に１つのものが書かれたカードをトランプのように用意し，その中から回答者が１枚選びます（回答者はカードを見てはいけません）。そして，回答者以外のメンバーは１人１つカードから連想できるオノマトペをヒントとして答えていきます。例えば，「犬」のカードを引いた場合は，「ワンワン」「ガオガオ」「クークー」などです。回答者は，わかった時点で答えます。

【遊び２】言葉からオノマトペを考える（右ページ下段）

遊び１の反対で，オノマトペが書かれたカードからヒントを出し，オノマトペを当てる遊びです。例えば，「キラキラ」の場合，「ダイヤモンド」「プール」「太陽」などです。

（流田　賢一）

ポイント

●回答者を変えながらテンポよく楽しむべし！

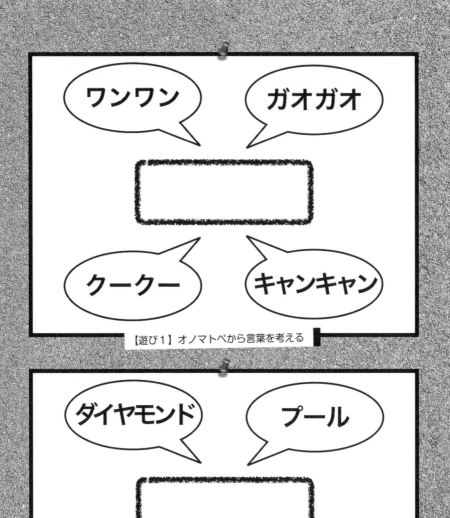

【遊び1】オノマトペから言葉を考える

【遊び2】言葉からオノマトペを考える

きれいな字にへんしんプリントで
教え合おう！

ねらい

子ども自身が「悪い形の字」「よい形の字」を教え合うことで，形の整った字を書くときに気をつけるポイントを意識する。

概要

　子どもが，「悪い形の字」「よい形の字とそのポイント」を示したプリントをつくり，互いに教え合うことで，整った字形で書くためのポイントに気づくことができるようになる活動です。

　まず，一人ひとりが，ひらがなやカタカナ，漢字からみんなに形を教えたい1文字を選びます。その字の「バランスが崩れた悪い形の字（Before）」と，「バランスのとれたよい形の字（After）」を書きます。そして，吹き出しに，どんなところに気をつけるとよいのかメモします。これが，子どもが先生役として教えるプリントになるわけです。

　プリントの下半分には，他の子が練習するためのマスがあります。他の子は，プリントの上半分に示されたよい形を意識して字を書き，プリント作成者が○つけをしてあげます。

　字のポイントを互いに学び合う素敵な時間になるでしょう。

（山本　真司）

ポイント

●友だちに教えることで自分も学べることに気づかせるべし！
●よい形の字のポイントが言える子になるよう指導するべし！

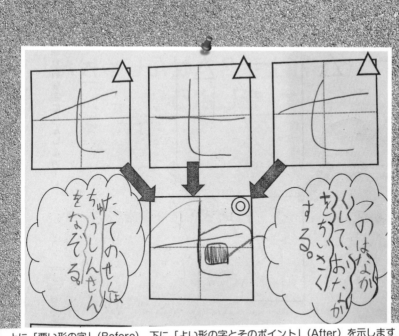

上に「悪い形の字」（Before），下に「よい形の字とそのポイント」（After）を示します

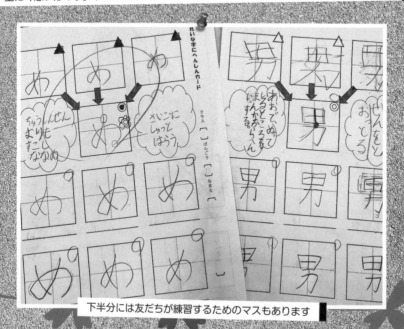

下半分には友だちが練習するためのマスもあります

「どっちが上手？　せんしゅけん」をしよう

ねらい

　複数人でお題の文字を書いて判定してもらうミニゲームを通して，字形の整った字を書くうえで気をつけるポイントを確かめる。

概要

　2〜5人で同じ言葉を書いて，だれが書いた字が一番上手かを審判が判定し，判定の理由を聞いて，字を書くときのポイントを確かめ合うというゲームです。

　まず，お題となる言葉を決めます。ひらがな，カタカナ，漢字，書ける文字なら何でも OK です。

　次に，お題の言葉を書きます。そのとき，だれが書いたのかわからないように，記名はしません。みんな勝ちたいと思うので，いつも以上に丁寧に書くことでしょう。

　そして，審判の子に，どの字が上手に書けているか判定してもらいます（審判は複数いても OK です）。どうしてその字が選ばれたのか，審判の子が伝えたり，みんなで確かめたりすることが大切です。

　授業以外の場でも，ちょっとしたすきま時間に手軽に楽しめるゲームです。

（山本　真司）

ポイント

●勝ち負けだけで終わらず，ちゃんと判定の理由を確かめるべし！
●書くことを苦手とする子の気持ちには配慮するべし！

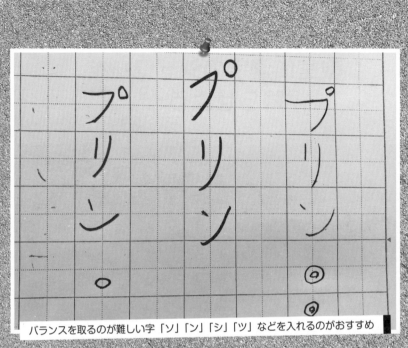

バランスを取るのが難しい字「ソ」「ン」「シ」「ツ」などを入れるのがおすすめ

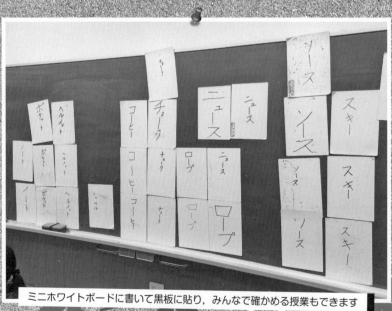

ミニホワイトボードに書いて黒板に貼り，みんなで確かめる授業もできます

教室に漢字のシャワーを降らせよう！

ねらい

漢字のあふれる学習環境をつくり，漢字の意味と漢字がもつ概念を結びつけられるようにする。

概要

漢字の学習に高い意欲をもつことが多い低学年の子どもですが，意欲だけが先走ると，記号的に漢字を覚えてしまい，「日」と「火」の誤用，「ついたち」と「一日」が結びつかない，などの誤学習が起こります。このような事態を防ぐためには，教室の中で日頃から子どもと漢字の接触回数を増やすことが重要になります。

ノートや掲示物はもちろん，学年通信や学級通信に児童向けの文章を載せて，そこに漢字を使って，子どもの目に漢字が触れる回数を保障していきましょう。また，未習の漢字であっても，子どもの実態によっては積極的に授業の中で使用し，触れさせることも重要になります。

漢字はただ一字だけでも，見た者が意味を取得できる便利な文字です。しかし，単純な反復学習では意味よりも形や書き方にばかり着目してしまい，漢字そのものと，漢字がもつ概念が結びつきづらくなってしまいます。机の前だけではない，あらゆる場面で漢字のシャワーを注げるといいですね。

（佐藤　拓）

●あらゆる機会を見つけて漢字の環境を整えるべし！

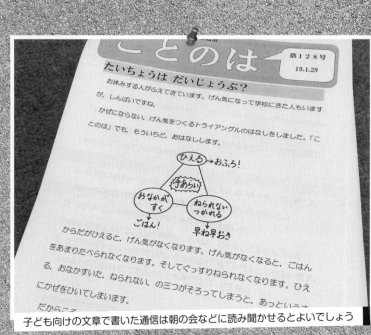

子ども向けの文章で書いた通信は朝の会などに読み聞かせるとよいでしょう

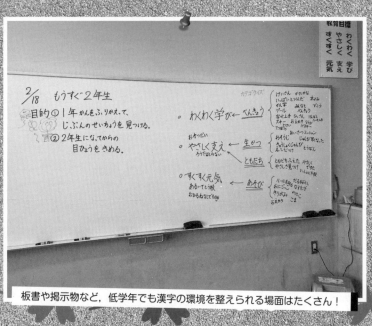

板書や掲示物など，低学年でも漢字の環境を整えられる場面はたくさん！

みんなの考えや言葉を
漢字で残そう！

ねらい

　子どもたちの意見や考えを掲示物として残すことで，漢字で思考したり表現したりする意識を高める。

概要

　漢字は日常的に使っていくことで覚えていきます。使う機会，触れる機会が少なければ，やがて忘れてしまい，定着率は低くなってしまいます。したがって，教室内の漢字の環境を整えることが重要です。ただし，教師が一方的に用意した環境ではなく，できるだけ子どもたち自身が漢字のある環境をつくり出せるようにしていきたいものです。

　そのためには，日常の授業や子どもたちとのやりとりを材料に環境（掲示物）をつくり出すのがよいでしょう。右ページの写真は学活の例ですが，このように，子どもたちから意見を集められる，意思決定できる内容なら，環境づくりにもってこいです。

　子どもたちの意見や考えを書き起こすときには，とにかく漢字で表記することを意識します。1年生では使える漢字が少ないですが，学級の実態に応じて，未習の漢字を使うことがあってもよいでしょう。重要なのは，「自分たちの言葉を漢字で表すことができる」という実感をもたせることです。

（佐藤　拓）

ポイント

● 「自分たちの言葉も漢字で表現できるんだ」と実感させるべし！

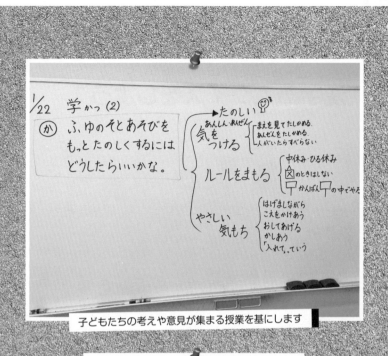

1/22 学かっ (2)

か ふゆのそとあそびを
もっとたのしくするには
どうしたらいいかな。

たのしい

あんしん・あんぜん
気を
つける
まえを見てたしかめる.
あんぜんをたしかめる.
人がいたらすべらない

ルールをまもる
中休み・ひる休み
図 のときはしない
かんばん の中でやる

やさしい
気もち
はげましながら
こえをかけあう
おしてあげる
かしあう
「入れて」っていう

子どもたちの考えや意見が集まる授業を基にします

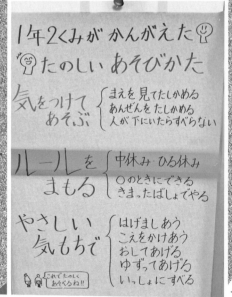

1年2くみが かんがえた

たのしい あそびかた

気をつけて
あそぶ
まえを見てたしかめる
あんぜんをたしかめる
人が下にいたらすべらない

ルールを
まもる
中休み・ひる休み
〇のときにできる
きまったばしょでやる

やさしい
気もちで
はげましあう
こえをかけあう
おしてあげる
ゆずってあげる
いっしょにすべる

これでたのしく
あそべるね!!

子どもたちの目につきやすい場所に掲示し，漢字への意識を高めます

漢字あてクイズをしよう！

ねらい

　へんやつくり，画数などの特徴を押さえながら，楽しく漢字の学習をすることができる。

概要

　出題者から出されるヒントを基に，漢字を予想して当てていくクイズ形式の活動です。

　教師は，毎回漢字を8〜10個程度，B5サイズくらいの画用紙にそれぞれ書いて準備しておきます（単元ごとに漢字フラッシュカードをつくっている場合はそれをクイズに使うと便利です）。

　まず，出題グループ（2〜3人組）が，前に出て解答者に見せないように漢字カードを1枚選び，「この漢字は何でしょう？　質問を受けつけます」と言います。次に，解答者が質問をします。例えば「その漢字は，何画の漢字ですか？」（「習った漢字は隠れていませんか？」「似ている漢字はありますか？」など）と質問したら，「6画です」などと答えます。わかった時点で「わかりました。それは『糸』ですか？」と答えを伝えます。出題者は，「正解です」「違います」「おしいです」と答えます。間違いの場合は，質問を続け，質問が出なくなったら，教師や出題者がヒントを出すようにします。

（藤井　大助）

ポイント

●漢字の特徴から質問できるようまずは教師が質問の手本を見せるべし！

今日のお題となる漢字です

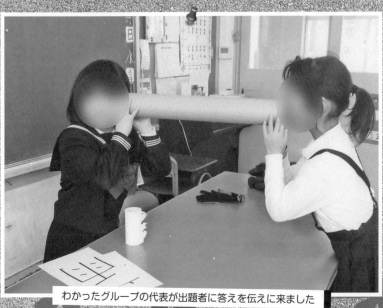

わかったグループの代表が出題者に答えを伝えに来ました

漢字モンスターカードを
つくろう！

漢字の構成要素を生かしたモンスターの造形を自由に想像して描くことで，漢字ごとに異なる字形の特徴を捉える。

概要

　低学年で学習する漢字は象形文字が多いため，字形をうまく捉えられない子どもには，宇宙人の絵にしか見えません。そこで，漢字の字形の特徴を楽しく捉えることのできる「漢字モンスターカード」を考えました。

　カードは表に漢字，裏に四角の枠が印刷されているものを使います。こうすることで，折りたたむと下の字が透けて見えるようになります。子どもは下の字を基にしながら，想像を広げてモンスターの形を考えていくのです。「『池』のサンズイは何にした？」「私は水がバシャッてはねている感じ」「ぼくは鳥の羽に見えたよ」というように，様々な見立てで語り合うことにより，サンズイという漢字の部分の特徴が浮き彫りになっていきます。

　ある程度カードが溜まってきたら，さらに違う遊びに発展させることも可能です。基にしている漢字は何でしょうクイズや，基にする漢字が同じものをペアで揃える神経衰弱，中にはモンスターの画数を強さに読みかえてカードゲームにしてしまう児童も。交流の中で字形への認識がさらに深まります。

（宍戸　寛昌）

ポイント

●漢字のパーツをデフォルメするおもしろさを感じさせるべし！

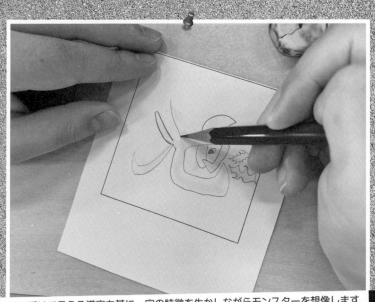

下に透けて見える漢字を基に，字の特徴を生かしながらモンスターを想像します

友だちが漢字の特徴をどうアレンジしたかを見ることで，字形への気づきが生まれます

漢字ビンゴゲームで楽しもう！

ねらい

ビンゴカードを使った既習漢字の収集と交流を行うことで，積極的に漢字に親しむ。

概要

まず，全員に同じビンゴプリントを配付します。今回のやり方は字形がわかればゲームとして成立するため，未習の漢字を扱うのもよいでしょう。

次に，プリントの漢字を1枚ずつ分割したカードを1人1枚配付します。ポイントは，クラス全員の人数よりも漢字の総数の方が多いこと（30人学級であれば36枚）と，だれが何の漢字を持っているかを秘密にすることです。ゲームが始まると，子どもはビンゴプリントを持って席を移動し，友だちと2人で組になります。じゃんけんをして勝ったら，負けた友だちの漢字を教えてもらい，その漢字に○をつけます。あとは縦横斜めの一列がそろうまでペアを変え続けるのです。そして，制限時間内にビンゴの列がいくつできるかを競います。

ビンゴカードが全員同じものでも，出会う友だちが変わることでランダム性が生じます。また，人数より漢字が多いことで，がんばってもそろわない列が出てきます。このようなゲーム性が子どもを盛り上げるはずです。

（宍戸　寛昌）

ポイント

●自分だけが持っている漢字があることを意識させるべし！

かん字ビンゴプリント

元	言	原	戸	古	午
黄	合	谷	国	黒	今
寺	自	時	室	社	弱
新	親	図	数	西	声
太	体	台	地	池	知
電	刀	冬	当	東	答

右の小さなカードを1人1枚ずつ担当します

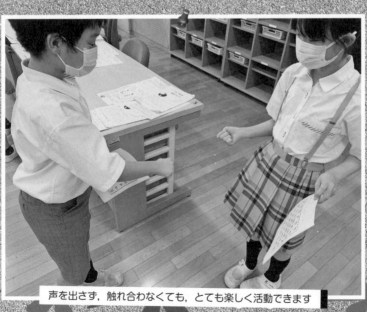

声を出さず，触れ合わなくても，とても楽しく活動できます

「棒っとできてるんだよ」ゲームで楽しもう！

ねらい

棒を画に見立てて漢字を作成することで，画の関係性によってできあがる漢字の構成を理解し，楽しく漢字に親しむ。

概　要

　漢字に親しむゲームは，学習的な側面を前面に押し出すと，ゲーム性が弱くなる傾向があります。そこで今回は，思いっきり頭を使って，休み時間もやりたくなる「ゲームらしいゲーム」を紹介します。

　参加するメンバーは，それぞれ色の違う棒を用意します。算数セットの数え棒でも，マグネットでも裁断した紙の端でも構いません。あとはこれを順番に置きながら，漢字をつくっていくという簡単なルールです。「できた『一』！」とならないよう，参加人数以下の画数の字は認めないようにします。全員が認める字ができたら，最後の画を置いた人が構成する棒をすべてもらえます。画数が多いほど点数は上がりますが，相手に完成されたらその時点で点数にならないというジレンマがあります。ですから，自分だけが見えている漢字になるように，そして相手に漢字を完成させないようにする，高度な駆け引きが求められます。棒の色を参加者ごとに変え，点数を記録制にすることで，道具を共用せずに遊ぶことができます。

（宍戸　寛昌）

ポイント

●相手に気づかれないように漢字を完成させるべし！

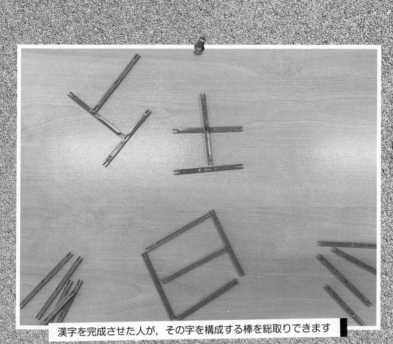

漢字を完成させた人が，その字を構成する棒を総取りできます

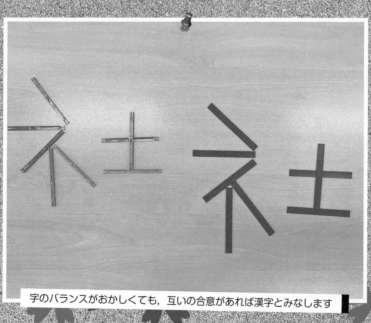

字のバランスがおかしくても，互いの合意があれば漢字とみなします

この漢字，これでいいの？

ねらい

　漢字についてのクイズを楽しみながら，漢字のへんやつくり，漢字と送り仮名の関係などの特徴に気づく。

概要

　クイズ形式で，漢字の特徴を楽しみながら習得できる活動です。

　まず，出題したい漢字を５〜６つ決めます。例えば，「父」「母」「兄」「弟」「姉」「妹」や「雪」「光」「風」「晴」「雲」と漢字同士につながりをもたせるとおもしろいでしょう。また，「会社」「店内」「黄色」「図書」「歩数」「公園」というように熟語になっているもの，「考える」「楽しい」「親しい」「教える」「分ける」「新しい」など送り仮名が含まれているものもおすすめです。

　次に，間違いをつくります。間違いの文字や数は子どもたちの実態に合わせます。

　そして，いよいよクイズの始まりです。「見つけた間違いを直して，ノートに正しく書いてみましょう」と声をかけます。このクイズは，５〜６つの漢字が固まって書かれているので，間違いと正解を区別しようとして子どもたちの集中力が高まります。

（藤井　大助）

ポイント

●間違いづくりを工夫して，集中力を高めるべし！

横棒の数に注目！

晴　　　光

雲

風　　　雪

一見すると正しく見えるけれど…

教える

問こえる

親しい

楽しい

当てる

この漢字，どちらかというと…

ねらい

漢字や漢字とかなに着目したゲームを楽しみながら，漢字の表す意味，へんとつくり，漢字と送りがなの関係などの特徴に気づく。

概要

漢字の特徴を自分なりにイメージし，楽しみながら漢字を習得する活動です。例えば，「晴」という漢字を提示し，「晴は，どちらかというと赤ですか，青ですか？」と問います。そして，「青」という答えとともに，「それはね，漢字の中に青が入っているからです」とか「それはね，晴れとも読むので青空を思い浮かべたからです」と理由を述べさせます。「赤」をイメージした子どもは「それはね，日という字から太陽を思い浮かべたからです」と述べました。このように，理由を述べたり聞いたりすることで，漢字の特徴をつかんでいくことができます。

慣れてきたら，グループでの活動を設定し，全体での発表の機会もつくります。まずは「どちらかというと赤？　青？　白？」と色で出題し，子どもたちの実態に合わせて，形や大きさなどで選択肢を変えていきます。漢字は，「雪，光，風，雲」，「父，母，兄，弟，姉，妹」「会社，店内，公園」と何文字かまとめて提示します。

(藤井　大助)

ポイント

●一般的な正解を求めるのではなく，考えの違いを楽しむべし！

Q どちらかといえば

赤	青
二	三十一

晴

〈それはね。〉
・かん字の中に「青」
・青空
・「日」は 太よう

まずは選んだ理由を述べることに慣れます

Q どちらかといえば

グループ(三人)→ みんなで

赤	青	白
父		
母		
姉		
兄		
妹		
弟		

○父さんは すぐおこる 赤
○母さんは 色白

グループで選んだ理由を述べ合います

お題に合う漢字を集めよう！

ねらい

　氵（さんずい）や宀（うかんむり）など，お題に合う漢字を教科書や本で調べる活動を通して，より多くの漢字を知る。

概要

　お題を出し，班ごとにいくつの漢字を書くことができるかを競うゲームです。お題は，例えば「氵（さんずい）のつく漢字」などです。

　ルールは，たった1つだけ。「1人1つずつ漢字を書いて，次の人に交代する」だけです。自分の番が回ってきて，漢字がわからない場合は，班の中での教え合いを認めます。友だちに自分の知っている漢字を説明することや教えることも，漢字を覚えることにつながるからです。たくさん知っている子だけが漢字を書く係になってしまうと，苦手な子は見ているだけになるので，このルールを大切にします。

　様々なツールに対応可能です。①短冊に漢字を書いて黒板に貼る，②黒板に直接書いてリレーする，③タブレットに書く，などです。③のタブレットに書く場合，授業支援システムを活用すると，各班の漢字を一覧することができたり，テレビ番組のように「ジャン！」と一気に見せたりすることができます。

（流田　賢一）

ポイント

●班の全員が参加できるようなルールにするべし！

お題を画用紙に書いておき，くじ引きのようにして引いてもよいでしょう

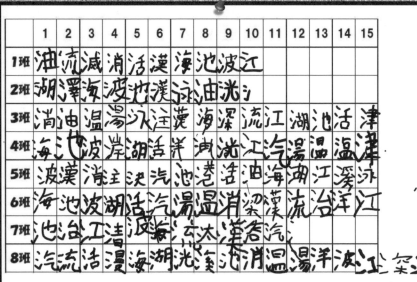

	1	2	3	4	5	6	7	8	9	10	11	12	13	14	15
1班	油	流	減	消	活	漢	海	池	波	江					
2班	湖	澤	海	波	池	漢	泳	油	洸	シ					
3班	消	油	温	湯	泳	注	漢	海	深	流	江	湖	池	活	津
4班	海	池	波	岸	湖	活	洋	洞	洸	江	汽	湯	温	温	津
5班	波	漢	消	主	決	汽	池	港	活	油	海	油	江	澪	泳
6班	海	池	波	湖	活	汽	湯	温	消	梁	漢	流	治	洋	江
7班	池	治	工	清	波	海	玄	太	準	各	汽				
8班	汽	流	活	漫	海	湖	洸	築	汽	消	温	湯	洋	波	江	築 治

タブレットで提示すると漢字を一覧でき，正誤判定もやりやすくなります

新出漢字を使って
作文を書こう！

ねらい

　同じ漢字を使った作文でも友だちとは使い方も，内容も違うことを知って，漢字を使う楽しさを知ることができる。

概要

　新しい漢字を学習したときに，「習得した漢字を積極的に使ってほしい」「日常でも漢字を使ってほしい」と願っている先生は多いのではないでしょうか。

　漢字作文は，学習した複数の漢字を使って作文を書く活動です。自分で言葉を考えて文章を書くので，漢字の活用の幅が広がります。積み重ねることで，漢字好きの子を増やしていきましょう。

　①既習の漢字から５つ選び，１行目に書きます。

　②５つの漢字を使って，漢字ノート１ページに作文を書きます。

　③使った漢字には，サイドラインを引いてわかりやすくします。

　漢字作文は，日記，物語，事件，ファンタジーなど，様々なスタイルで書くことができます。内容がイメージしにくい場合は，ペアや学級で一度話し合うことで，取組のハードルが下がります。

（流田　賢一）

ポイント

●生きた漢字を活用する学びを積み重ねるべし！

●漢字の活用の幅を広げるべし！

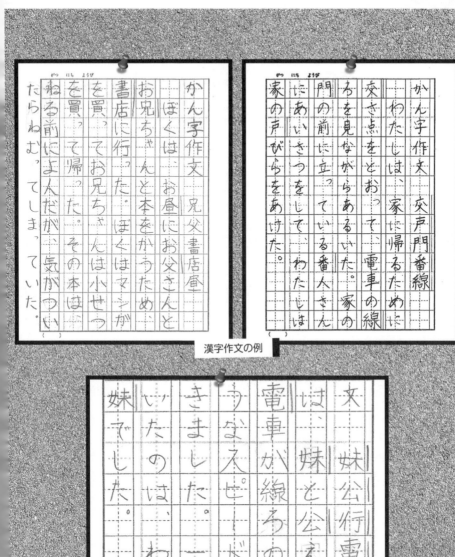

漢字作文の例

使った漢字にはサイドラインを引きます

漢字バラバラパズルに挑戦しよう！

ねらい

　教科書に出てくる熟語を基にした問題づくりや，友だちのつくった問題に取り組むことを通して，漢字や熟語の意味を意識して覚える。

概要

　教科書に出てくる熟語を基に問題をつくり，さらに友だちのつくった問題に取り組む活動です。

　まず，出題したい漢字の熟語を教科書から見つけながら，20マスの問題用紙に漢字をバラバラに書き出します（出題範囲は，1つの単元が終わるごとに問題をつくる場合や，学期末にいろいろな単元から漢字を選んで問題をつくる場合などが考えられます）。

　問題用紙が埋まったら，いったん教師が集め，ランダムに配付します。自分がつくった問題用紙でないことを確認したら，熟語づくりに挑戦です（20マスであれば，時間の目安は5分間程度ですが，実態に合わせて調整してください）。

　時間が来たら，問題をつくった友だちに確認をお願いし，できた熟語の数を確認します。できた数を競っても盛り上がりますし，数を記録していき自分自身の成長を実感させてもよいでしょう。

（藤井　大助）

ポイント

●競争や成長の記録で，意欲的に取り組めるようにするべし！

教科書から熟語を拾い，問題用紙に漢字をバラバラにして書いていきます

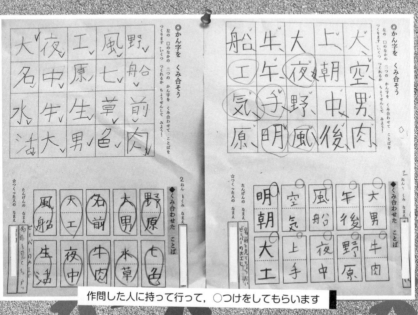

作問した人に持って行って，○つけをしてもらいます

熟語マスターになろう！

ねらい

既習の漢字でできる熟語を扱った問題に繰り返し取り組み，熟語を使いこなす力をつける。

概要

　２年生では生活にかかわる様々な漢字を学習します。扱われる字数は１年生の倍ですから，漢字で表現できることは大幅に増えます。熟語で書き表せることも増えるので，漢字を使うよさやおもしろさを感じられます。

　「国語」「算数」「図工」「遠足」「教科書」など学校にかかわるもの，「兄弟」「新聞」「近道」「半分」など生活にかかわるものなど，２年生で習う漢字だけでも，かなりの数の問題を出題できます。１年生の既習漢字と組み合わせれば，いくらでも問題ができてしまいます。

　注意しなければならないのが，たくさんの熟語を，低学年の子どもにとって「使える」ものにしていく必要がある，ということです。子どもが頭に画像や映像を浮かべやすいものから始めていかないと，単に「漢字を組み合わせる遊び」にしかなりません。そのためには，右ページ下段のような掲示物で，テーマごとに熟語を集めていく活動が有効です。このような活動を通して，「漢字で表すと便利だな」という実感を醸成していきたいものです。

（佐藤　拓）

ポイント

●子どもの実態に合わせた，イメージしやすいジャンルから始めるべし！

☆かんじ スーパーミニミニ テスト

なまえ

3	2	1
こうえん	えんそく	こくご

朝学習など，短い時間でできる繰り返しプリントでどんどん取り組みます

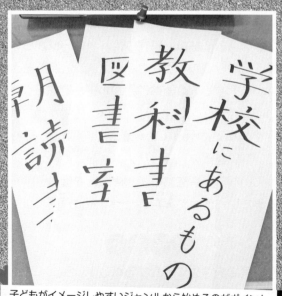

学校にあるもの
教科書
図書室
朝読書

子どもがイメージしやすいジャンルから始めるのがポイント

習った漢字，
どれだけ見つけられるかな？

ねらい

身近なところで使われている漢字を見つける活動を楽しみながら，漢字には意味があり，知っていると便利であることを体感する。

概要

2年生の子どもたちは，身近なところから漢字を見つけるのが大好きです。ここでは，給食中の短い時間を利用して漢字に親しめる活動を紹介します。

給食の牛乳やデザート，ドレッシングなどのパッケージには，たくさんの漢字が使われています。そこで教師が，「いただきます」の前に，右ページ上段のような小黒板を黒板に貼り，給食中にパッケージから今までに学習した漢字を含む言葉を見つけてもらうことを伝えます。友だちと相談したりせず，給食を食べながら無言で取り組むことがルールです。

「ごちそうさま」の5分前になったら，「では，先生が見つけた言葉を紹介します」と言い，小黒板で提示します。そして，「給食が終わった人で，先生が見つけられていない言葉を見つけた人は，静かに教えに来てください」と伝えます。習っていない漢字を含む言葉の意味を調べる学習に発展させると，漢字を書いてみたい，使ってみたいという意欲が高まります。

（藤井　大助）

●教師が見つけた言葉は少なめに紹介するべし！

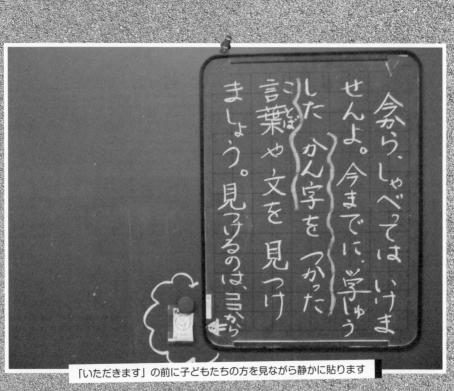

今から、しゃべっては いけません よ。今までに、学しゅうした かん字を つかった 言葉や 文を 見つけましょう。見つけるのは、今から

「いただきます」の前に子どもたちの方を見ながら静かに貼ります

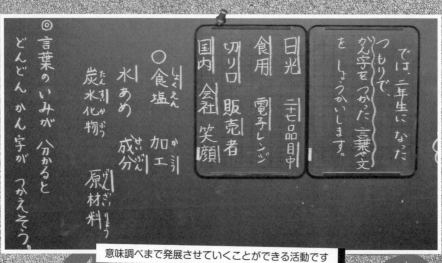

では、二年生になった つもりで、かん字を つかった 言葉や 文を しょうかいします。

日光　二七〇品目中
食用　電子レンジ
切り口　販売者
国内　会社　笑顔

◎言葉の いみが 分かると どんどん かん字が つかえそう。

○食塩　加工
水あめ　成分
炭水化物　原材料

意味調べまで発展させていくことができる活動です

漢字仮面，参上！

ねらい

　一部が隠された漢字を推理することを通して，漢字の特徴を知るとともに，既習の漢字の読みを定着させる。

概要

　3月，当該学年の漢字はすでに学習し終えて，次の学年に向けて復習する時期です。デジタル黒板やタブレットが導入され，それを使った漢字学習も進んでいると思いますが，ここではちょっとアナログに戻って，黒板掲示用の漢字カードを活用します。そのカードを使ってフラッシュカード形式で「この漢字の読みはなあに？」とテンポよく尋ねていくことで，1年間の復習ができます。

　加えて，この漢字カードを，右ページ上段の写真のように先生の顔やキャラクターの顔を模した仮面カードで隠してしまいます。「漢字仮面，参上！」と盛り上げるとよいでしょう。子どもたちには，穴をあけた部分から見える漢字の線から何の漢字が隠されているのかを当ててもらいます。仮面カードは厚めの画用紙に絵をかいてつくります。画用紙に穴をあけるだけでもよいのですが，先生の顔やキャラクターの顔になっているだけで，子どもたちのやる気が一気に上がります。

（広山　隆行）

ポイント

●先生が漢字仮面になりきって，リズムよく出題するべし！

仮面は，目・口を残すか，目・口に穴をあけるかの２パターンできます

漢字カードを自作する場合，UD デジタル教科書体などのフォントがおすすめです

水筆で運筆を学ぼう！

ねらい

　水筆による書写を通して，基本的な運筆やめりはりの効いた丁寧な字についての意識を高める。

概要

　低学年の書写では毛筆を扱いません。しかし，中学年から始まる毛筆の学習に備えて，水筆を使った活動を行うのもよいでしょう。ここで考えさせたいのは，筆は体を使って書くこと，そして筆の運びを意識することです。

　低学年で学習する漢字には，中学年以降で学習していく漢字を構成するパーツが多く含まれています。また，「はね」「とめ」「おれ」などの基本的な運筆やめりはりの効いた丁寧な字についての意識を高めやすく，漢字を構成する様々な要素を適切な筆の運びとあわせて指導するのに，水筆はうってつけと言えるでしょう。

　中学年以降で毛筆の活動が始まっても，筆を使って獲得した運筆の意識は重要であり，生かしていく必要があります。子どもたちははじめて触れる水筆に興味津々でしょうが，最終的には鉛筆で字を書くことにつなげていく必要があります。字を書くこと，そして自分の字が変わっていくプロセスにも目を向けさせたいものです。

（佐藤　拓）

ポイント

● 「はね」「とめ」「おれ」を意識させ，鉛筆での書字に活用させるべし！

子どもははじめての用具に興味津々ですが，落ち着いて活動に臨めるように配慮します

筆の運びを変えることで字形が大きく変わることを意識させましょう

漢字練習の質を高めよう！

ねらい

　漢字テストの出題の仕方を工夫することを通して，より主体的な漢字練習を促す。

概要

　3学期，当該学年の漢字学習をすべて教え終えたら，それまでに習った漢字の定着を図るための学習を行います。学級の実態に応じて，毎日，もしくは2日に1度，5問の漢字ミニテストを行います。

　出題範囲は，教科書の1ページとし，事前に子どもたちに伝えておきます。熟語や送り仮名も含めて出題するので，5問といっても5字ではありません。ドリルのミニテストとは違って，どの漢字が出題されるかわからないので，自分で意識して練習しなくてはいけません。

　ミニテストは，朝の会の後に5分程度で行います。合格しなかった場合は，同じ問題で放課後再テストをします。

　テストでは，「この漢字の3画目を赤鉛筆で書きましょう」と，書き順も問います。漢字が合っていても書き順が間違っていたら不合格です。書き順を見れば，これまで漢字練習に丁寧に取り組んできたかどうかがよく見えます。自然とノートに書く練習も，量だけではなく質の高いものになります。

（広山　隆行）

ポイント

●書き順も練習させるべし！

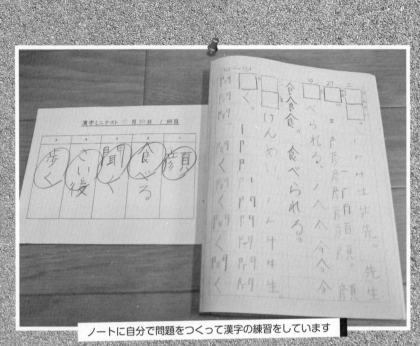

ノートに自分で問題をつくって漢字の練習をしています

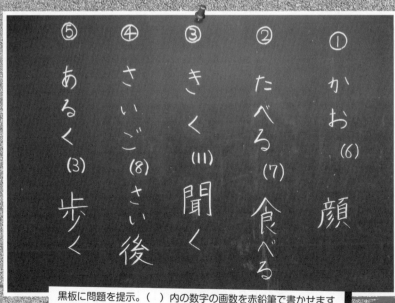

① かお (6) 顔

② たべる (7) 食べる

③ きく (11) 聞く

④ さいご (8) さい後

⑤ あるく (3) 歩く

黒板に問題を提示。（　）内の数字の画数を赤鉛筆で書かせます

低
学
年

「漢字かな交じり探索文」に
挑戦しよう！

ねらい

漢字とかなに着目した活動を楽しみながら，漢字の表す意味や読み方，送り仮名などの特徴に気づき，使ってみたいという意欲を高める。

概要

　3月に，2年生までに学習した漢字を楽しく使う活動「漢字かな交じり探索文」に挑戦します。ついつい迷ってしまう漢字と送り仮名の関係を教科書でもう一度調べながらまとめる活動です。

　例えば，「下」という漢字を提示し，「『おんどを　さげる。』を漢字かな交じり文で書けますか？」と問います。ほとんどの子どもたちが「おんどを下げる。」と書けると思います。そこで，「山を　くだる。」を提示します。ここで，子どもたちは，「下だる」なのか「下る」なのか迷うはずです。そこで，「調べてみますか？」と問います。きっと，教科書の後ろの「2年下までにならったかん字」のページを開いて調べると思います。子どもたちが調べている間に，「『手を　おろす。』や『かいだんを　おりる。』はどうかな？」と問います。

　他にも「生」「上」「明」「細」「交」などで同じ活動ができます。子どもたちが夢中になって調べ，短い文章を楽しんで書くこと間違いなしです。

（藤井　大助）

ポイント

●様々な漢字の読み方，送り仮名を振り返るべし！

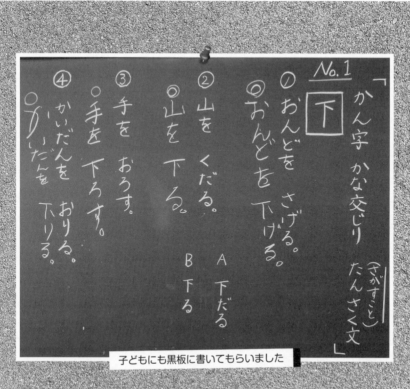

No. 1

「かん字 かな交じり たんさく文」（さがすこと）

下

① おんどを さげる。
◎ おんどを 下げる。

② 山を くだる。
◎ 山を 下る。　　A 下だる　B 下る

③ 手を おろす。
◎ 手を 下ろす。

④ かいだんを おりる。
◎ かいだんを 下りる。

子どもにも黒板に書いてもらいました

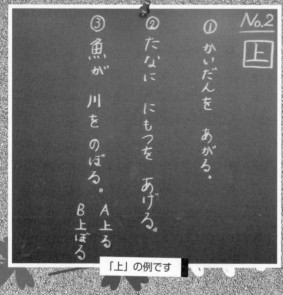

No. 2

上

① かいだんを あがる。

② たなに にもつを あげる。　A 上る　B 上ぼる

③ 魚が 川を のぼる。

「上」の例です

手を変え，品を変え，漢字しりとりを楽しもう！

ねらい

　ルールを工夫した様々な漢字しりとりを通して，学級全員が楽しみながら漢字に親しむ。

概要

　漢字の学習でゲームなどの活動を取り入れている先生はたくさんいらっしゃると思いますが，中でも漢字しりとりは，事前の準備物が不要ですぐに取り組むことができる，おすすめの活動です。

　ルールの基本は，幸運→運動→動物→物語…と，熟語をつなげていくものです。「いくつ熟語をつなげられるかな？」「新出漢字を全部使ってつなげられるかな？」と問いかけると，子どもたちは一生懸命言葉を考えます。

　最初からきっちりとしたルールでやると，漢字が苦手な子や語彙が少ない子にとって負担の大きなゲームになってしまいます。そこで，グループ活動にする，同じ音でつなげても OK にする（熱心→心配→俳句…）などの工夫をすることで，だれでも楽しんで漢字に親しむことができます。

　慣れてきたら，漢字を何文字か設定し，どれだけ少ない数の熟語で設定された文字を使いきれるか競わせると盛り上がります。1 点のペナルティで同じ音の漢字に変えてもよいというルールで，さらに戦略性が高まります。

（吉羽　顕人）

ポイント

●学級の実態に応じて，柔軟にルールを変えるべし！

漢字ドリルを参考に，グループ内で飛び交う熟語の数々

新出漢字「以，旗，刷，静」をなるべく少ない熟語でしりとり！

熟語で漢字しりとりをしよう！

ねらい

　二字熟語の漢字でしりとりをすることを通して，学習した漢字の音読み・訓読みを考えるとともに，身の回りにある熟語への興味をもつ。

概要

　ノートや原稿用紙を使って，漢字でしりとりをします。5分程度でできます。実際に子どもが考える時間は，2～3分がよいでしょう。

　二字熟語の後ろの漢字が，次の熟語の最初の漢字になります。まず，最初に教師がスタートとなる漢字を示します。例えば「学」というお題でスタートしたら，「学校→校歌→歌手→手足…」と続いていきます。

　制限時間が来たら「そこまで！」と書くのを止めさせます。そこで熟語が何個書けたかを数えます。たくさん書けた人をほめてあげます。何度か漢字しりとりを行っていけば「新記録が出た人？」と聞き，記録が伸びている子どもの伸びを認めてあげましょう。

　最初は，辞書を見てもよいでしょう。素早く辞書を引く練習になります。

　また，1人で思い浮かぶ熟語には限界があります。ペアで交互にしりとりをしたり，グループで順番に書いたりなどの工夫をすると，様々な熟語に触れることができます。

（広山　隆行）

ポイント

●友だちとの競争と自分自身との競争の両方を意識させるべし！

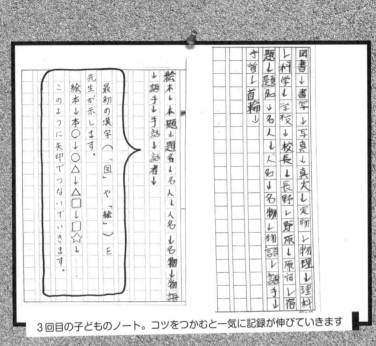

絵本↓本題↓題名↓名人↓人名↓名物↓物語
↓選手↓手話↓話者↓

最初の漢字（「図」や「絵」）を
先生が示します。
絵本↓本○↓○△↓△□↓□☆↓☆……
このように矢印でつないでいきます。

図書↓書写↓写真↓真大↓定物↓物理↓理科
↓村学↓学校↓校長↓長野↓野原↓原宿↓宿
題↓題名↓名人↓人名↓名物↓物語↓語手
↓首↓首輪↓

3回目の子どものノート。コツをつかむと一気に記録が伸びていきます

ペアやグループでやっても盛り上がります

四字熟語クイズを楽しもう！

ねらい

四字熟語クイズの活動を通して，楽しみながら語彙を広げる。

概要

　提示された４つの漢字を組み合わせて，正しい四字熟語をつくる漢字あそびです。まず教師が，
「４つの漢字があります。正しく組み合わせると，どんな四字熟語になりますか？」
と出題します。答えをノートや，ミニ黒板，ミニホワイトボードなどに書き，子どもを指名しながら正解を確認します。教師が数問出題して，まずはクイズを楽しみます。

　子どもが出題形式に慣れてきたところで，
「このような問題をみんなでつくって，クイズ大会をしましょう！」
と投げかけ，子どもたちを出題者にします。問題づくりは，個人で取り組ませてもグループで取り組ませてもよいでしょう（グループの場合，人数は２〜４人が最適です）。国語辞典・漢字辞典はもちろん使用可能です。クイズづくりを通じて，楽しみながら四字熟語についての語彙を広げることができます。オンライン会議システムを使っても取り組むこともできます。

（藤原　隆博）

ポイント

●問題づくりへのチャレンジで四字熟語への興味と語彙を広げるべし！

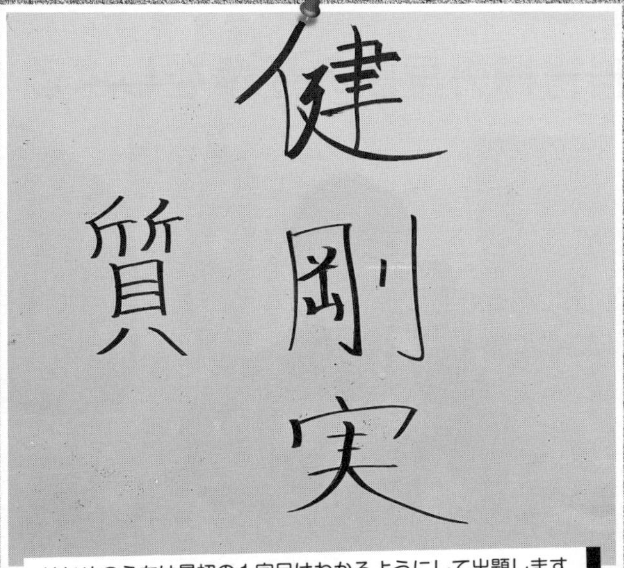

質 健
　 剛
　 実

はじめのうちは最初の１字目はわかるようにして出題します

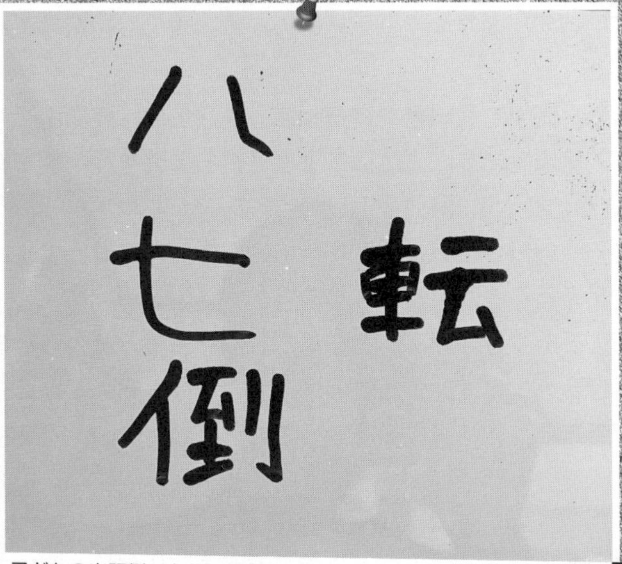

八
七　転
　倒

子どもの出題例。自分で問題をつくると，一気に語彙が広がります

教科書欄外早読み競争をしよう！

ねらい

　教科書の欄外にある言葉を速音読することを通して，新出漢字や国語の学習用語に自然に触れ，覚える。

概要

　教科書の欄外（下部）にある言葉をすらすらとどれだけ早く読み進められるかを競争します。制限時間は「2分間」です。

　教科書の音読と言えば，物語文や説明文などの教材文ですが，教科書の下部に書かれている新出漢字や学習用語のみを教科書の最初からどんどん音読していきます。

　音読は立って，両手で教科書を持たせます。さらに，姿勢よく，はっきりと聞こえる声で読ませます。先生は，子どもたちの間を「両手で持ってね」「もっとはっきりと」と確認しながら歩きます。

　2分経ったら，自分が読み進めた場所に今日の日付を書きます。次の挑戦では，そこを超えることが目安になります。

　また「今日のチャンピオン！」としてだれが一番読み進められたか確かめます。ときどきチャンピオンの音読の速さをみんなで聞いてみてもよいでしょう。慣れてきたら，教科書の後ろから読む形にしてもいいですね。

（広山　隆行）

●どれだけ先に進めたか，一人ひとりの子どもの「伸び」を認めるべし！

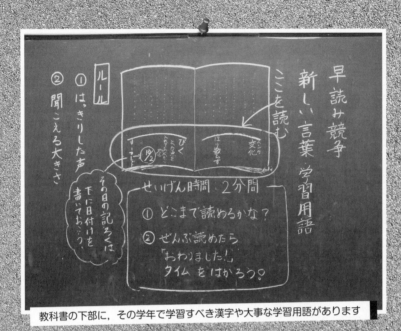

教科書の下部に，その学年で学習すべき漢字や大事な学習用語があります

「よーい，スタート！」で一斉に読み始め，「そこまで！」の合図で読み終えます

漢字組み立てカードで遊ぼう！

ねらい

　部首と他の部分が書かれたカードを合わせる遊びを通して，漢字の組み立てや意味についての理解を深める。

概要

　部首とその他の部分が書かれたカードを使って，楽しみながら漢字の理解を深めることができる活動です。

　まず，「へん」「つくり」「かんむり」「あし」「かまえ」「にょう」などの部首が書かれたカードをつくります。「かんむり」なら，「うかんむり」や「たけかんむり」などをカードに書いていきます。次に，その他の部分だけを，別のカードに書いていきます。既習の漢字の中から選んで書くと復習になります。できた部首カードとその他カードを合わせて，漢字が完成すれば勝ちです。部首カードとその他カードの合わせ方は，トランプのババ抜きや神経衰弱のようなゲームで楽しむことができます。また，部首カードの山とその他カードの山から１枚ずつめくっていき，ぴったり合った人の勝ちというゲームにしてもおもしろいでしょう。

　部首とその他の部分を合わせて，創作漢字にして読み方や意味を言い合う応用編にすると，漢字の組み立てへの興味・関心がアップします。

（手島　知美）

ポイント

●漢字カードを使って，漢字の組み立てと意味に興味をもたせるべし！

グループで協力してできるだけたくさんのカードをつくります

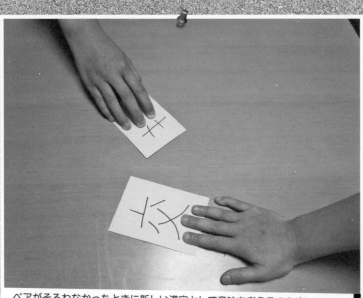
ペアがそろわなかったときに新しい漢字として意味を考えるのも楽しいです

漢字の部首ビンゴをしよう！

ねらい

　教科書を使った漢字の部首のビンゴを楽しみながら，様々な漢字や部首を覚える。

概要

　教科書を使って，部首や漢字を探すゲームです。

　まず，白紙を配り，ビンゴができるように9つのマスを書かせます。

　次に，9つのマスに，ごんべん，さんずい，にんべん，てへん，うかんむり，くさかんむり，りっとう，しんにょう，おおざとなどの部首を入れていきます。

　すべて書き終えたら，教師が教科書をパラパラとめくりつつ，指名した子どもに「ストップ」と言わせます。

　そのページから，子どもはマスに書いた部首の漢字を見つけ，書き入れていきます。ビンゴになったら，「ビンゴ！」と言います。

　2つで「ダブルビンゴ」，すべてできたら「パーフェクト」です。パーフェクトのものを，黒板に書いて，みんなで確認していくと，部首の確認もできてよい勉強になります。

　いろいろな部首を取り上げ，たくさん覚えさせていきましょう。

（比江嶋　哲）

ポイント

●まずは漢字が多くある部首を扱い，楽しく参加させるべし！

まずは漢字が多くある部首を扱います

あまり漢字が見つからなかったら，ページを変えます

似た漢字の記憶クイズを
楽しもう！

ねらい

似た漢字を記憶したり集めたりする活動を通して，部首を意識しながら漢字を見分けられるようになる。

概要

　記憶力を試すクイズの要領で，提示した４つの漢字の中から，正しい漢字を選ぶ言葉遊びです。

　まず，教師が右ページ上段の写真を提示し，「①～④の漢字を３秒で覚えてください」と言います（秒数は実態に合わせて変えます）。そして，「国は，何番だったでしょう？」と問い，選択した番号を挙手させてから正解を発表します。こうしてまずはクイズを楽しみます。

　そして，「このような問題をつくって，クイズ大会をしよう！」と投げかけ，子どもたちを出題者にします。個人でも，グループでもよいでしょう。グループの場合，人数は２～４人が行いやすいでしょう。国語辞典・漢字辞典は，もちろん使用可能です。クイズづくりを通じて，漢字の部首について意図的に眺めることができるようになります。

　まだ習っていない漢字表記とも出合いますが，これを許容するかは，学級の実態次第。子どもたちと相談して決めてもよいでしょう。

（藤原　隆博）

ポイント

●クイズで遊び，辞書引きのスキルと部首を見極める力を高めるべし！

① 玉
② 図
③ 回
④ 固

最初は教師が出題者を務めます

オンライン授業のネタとしてもうってつけです

見て！書いて！漢字ビンゴ

ねらい

　絵や写真から漢字で表せるものを見つけ，ビンゴゲームにして楽しむことで，日常で漢字を使う意識を高める。

概要

　絵や写真から漢字で表せるものを見つけ，ビンゴゲームにして楽しむ学習です。

　まず，ペアやグループで同じ絵や写真を用意し，そこから漢字で書けるものを見つけて，ビンゴのマスに書いていきます。ビンゴカードに書くときは，漢字一字で表すようにします。例えば，「道」「花」「青」などです。すべてのマスが漢字で埋まったら，ペアやグループなどで，1人1つずつ漢字を言っていきます。言われた漢字が自分のカードに書いてあれば，○をつけます。縦，横，斜めのどれか1列がそろった人の勝ちです。3×3の9マスから始め，徐々にマスを増やしていくと，漢字が苦手な子でも楽しく取り組めます。また，書く漢字の条件をつけると難易度が上がり，漢字が得意な子も意欲が高まります。例えば，「色だけ」「写真の人物が考えていること」などです。自分たちの生活の一場面を切り取った写真や，行事の写真などを使うと，書いた漢字から日記や作文につなげることもできます。

（手島　知美）

●楽しく繰り返し書くことで，漢字を使う気持ちを高めるべし！

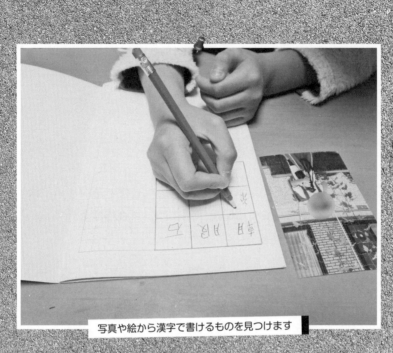

写真や絵から漢字で書けるものを見つけます

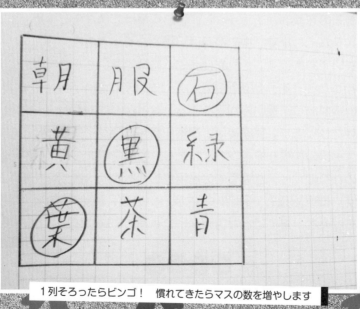

1列そろったらビンゴ！　慣れてきたらマスの数を増やします

漢字を虫めがねで
見てみると…？

ねらい

都道府県の漢字をよく見て書く活動や，それを使ったクイズで楽しむ活動を通して，漢字を正しく書いたり覚えたりする意欲を高める。

概要

都道府県の漢字を虫めがねを使って観察し，楽しみながら書くことで，正しく書いたり覚えたりすることができる学習です。

まず，お手本を見ながら，好きな都道府県の漢字を大きく書きます。子どもが書いたものを教師がチェックし，正しく書けていたら「虫めがね」がもらえるシステムにします。虫めがねは，紙でつくってあり，レンズになる部分を切り抜いておきます。それを使って，自分で書いた都道府県の漢字を観察し，わかったことを，観察記録として「右はらいが2回あった」「横に長い線と短い線があり，長い線が下である」などと，ワークシートに書いたり，スケッチしたりします。観察後は，観察記録を使いクイズをつくって楽しみます。スケッチの何枚かをヒントにしたり，観察記録を読み上げたりしましょう。虫めがねのサイズが違うものを用意しておくと，難易度を変えることができます。観察記録も，「画数」「右はらいの数」「曲がりの数」など観点を示してあげると，書くことが苦手な子でも楽しく取り組めます。

（手島　知美）

ポイント

●漢字をじっくり観察し，よく見て正しく書こうとする意欲を高めるべし！

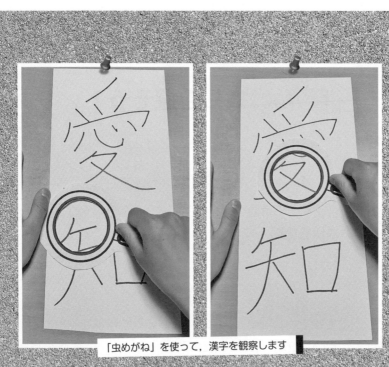

「虫めがね」を使って，漢字を観察します

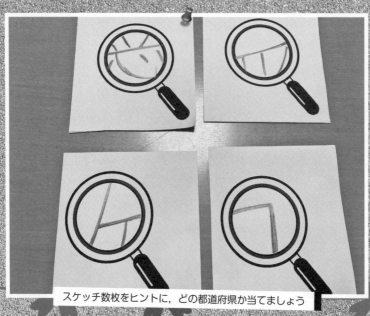

スケッチ数枚をヒントに，どの都道府県か当てましょう

「○ん◎つ」を探そう！

ねらい

言葉探しと辞書引きの活動を通して，日本語の響きの豊かさや規則性のおもしろさを実感する。

概要

連想ゲームの要領で，「○ん◎つ」の○と◎に入る言葉を探し，どのような漢字表記になるのかを調べる言葉遊びです。

まず，教師が「『○ん◎つ』の○と◎に入る言葉が浮かぶ人？」と発問します。例えば，「しんじつ」「ぶんべつ」など，教師が例示すると，「じゃあ…」「だったら…」などと，子どもはつぶやき出します。すかさず，漢字表記するまでの方法を示します（右ページ上段写真）。

「グループで協力したら５分以内でいくつ書けますか？」と投げかけると，「他のグループには負けられないぞ」という雰囲気になります。

教師の「よーい，スタート！」の合図で始まったとたん，すぐに言葉を閃く子，国語辞典等で漢字表記を調べる子，ホワイトボードに書く子…と，自然に役割分担をし始めます。まだ習っていない漢字表記とも出合いますが，ゲーム感覚で辞書引きの楽しさを味わえるだけでなく，友だちと助け合う喜びも味わうことができるでしょう。

（藤原　隆博）

ポイント

●言葉で遊びながら，語彙と辞書引きのスキルを同時に引き上げるべし！

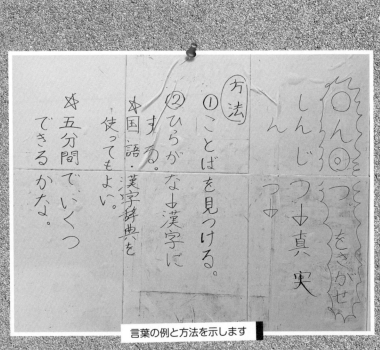

言葉の例と方法を示します

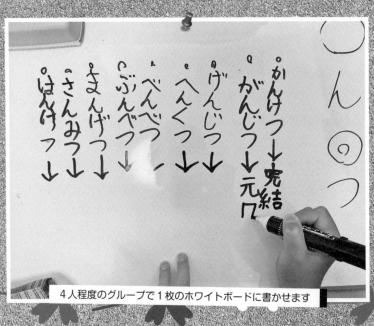

４人程度のグループで１枚のホワイトボードに書かせます

４つの漢字の
共通点を見つけよう！

ねらい

　４つの漢字の共通点を考える活動を通して，漢字の読みや部首，筆順などの様々な観点を基に楽しみながら漢字を捉える。

概要

　子どもたちが選んだ４つの漢字にどのような共通点があるかを考える活動です。

　まず，出題側が問題となる漢字４つとそれらの漢字の共通点を決めます。例えば，「すべて部首が『氵』の漢字です」といったようなことです。その４つの漢字をホワイトボード等に書き，解答する側の子たちが，どんな共通点があるのかを考えていきます。

　子どもたちは，４つの漢字の共通点を探す際に，筆順や読みなど，様々な観点からそれらの漢字を調べていきます。自然と漢字辞典や教科書，漢字ドリル等を使って，積極的にそれらの漢字について調べていきます。

　解答側がすぐにわからないように，とてもおもしろい視点で漢字を捉えて，共通点を決めていく子も現れます。また，出題側も思いつかなかった新たな共通点を見つける子が出てくると，さらに盛り上がります。

　このように，子どもたちが夢中で漢字に触れる機会になっていきます。

（渡部　雅憲）

ポイント

●４つの漢字を子どもたちに選ばせ，共通点を自由に発想させるべし！

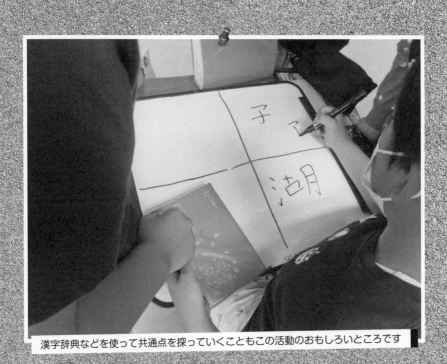

漢字辞典などを使って共通点を探っていくこともこの活動のおもしろいところです

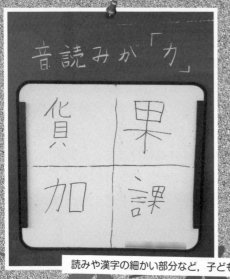

音読みが「カ」

貨　果
加　課

目が入っている

貨　置
積　真

読みや漢字の細かい部分など，子どもが自由な発想で漢字を捉えます

枠をつくって
字形を整えて書こう！

ねらい

　字形に沿った枠をつくり，枠の中に漢字を書く活動を通して，字形を整えて書く意識を高める。

概要

　字形を整えて書くということは，正しい漢字を覚えるということです。また，「形を整える」という意識が，「とめ・はね・はらい」などへの意識にもつながっていくと考えます。なぞり書きでは丁寧に書けても，手本がないと字形が崩れたり，マスからはみ出して書いたりしてしまうことがあります。そこで，漢字の字形に沿った枠をかき，その枠に合わせて漢字を書く活動を行います。そうすることで字形を整えて書く意識を高めていきます。

　まず，漢字の手本の上に紙を置き，写絵のように漢字の形に沿って，枠をかきます。その後，かいた枠を使って，漢字を書いていきます。

　重要なのは，枠を使って練習した後に，枠を外しても字形を整えて書く意識をもつことです。そのため，細かく枠をかくのではなく，大まかにかく方がわかりやすく，外した後もイメージが残りやすくなります。

　何回か枠を使って書いてから枠を外してみるなど，枠を外したマスに字形を整えて書いてみる段階まで書いていくと字形への意識も高まります。

（渡部　雅憲）

ポイント

●枠は大まかにかき，枠を外した後もイメージしやすいようにするべし！

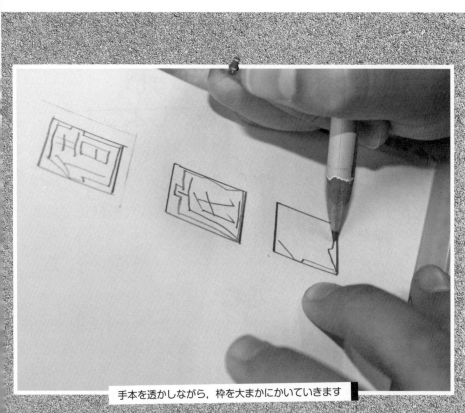

手本を透かしながら，枠を大まかにかいていきます

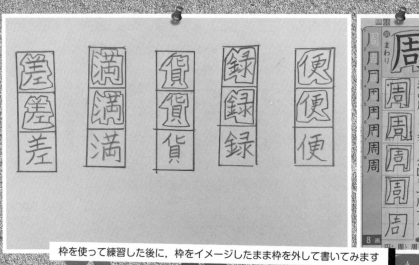

枠を使って練習した後に，枠をイメージしたまま枠を外して書いてみます

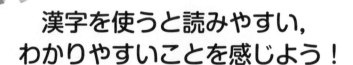

中学年

漢字を使うと読みやすい，わかりやすいことを感じよう！

ねらい

ひらがなのみの文章を書く，読む活動を通して，漢字を使用して文章を書く有用性を認識する。

概要

既習の漢字を使って文章を書けるようになってほしいと思い，「漢字を使わないと文章が読みにくい」と伝えても，子どもたちにはピンとこないかもしれません。子どもたちに実際に「漢字が使われていないと読みにくい」ということを感じさせ，漢字の有用性を実感させることが大切です。

まず，2つのグループに分かれ，まったく関連性のない2つのテーマで，それぞれ短文を書いてもらいます。次に，漢字を使った文章をあえてひらがなのみの文章に書き換えます。ここで読みにくさを感じる子もいることでしょう。

最後に，他のテーマで短文を書いていた友だちと交換して，お互いのひらがなのみの文章を読んで，漢字変換します。平仮名のみの文章でも，テーマがわかっているとそれだけで何となく読めてしまいます。だからこそ，関連性のないテーマの友だちの文章を読むことで「読みにくい」という感覚が生まれます。その感覚こそが，漢字の有用性を高めていきます。

（渡部　雅憲）

ポイント

●他のテーマのひらがな文を読むことで，読みにくさを感じさせるべし！

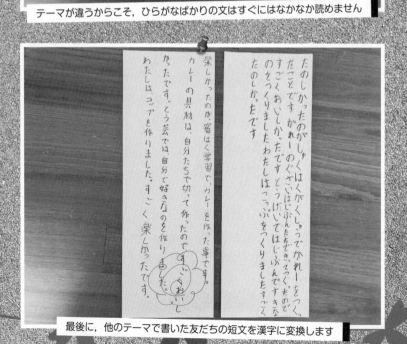

まず、休み時間と昼休み時間に、図書室に行き、全校のみんなが本を借りに来るので、本をみんなに貸し出します。返きゃくボックスの本がぐちゃぐちゃの時に、本を整理します。

まずやすみじかんとひるやすみじかんとしょしつにいきぜんこうのみんながほんをかりにくるのでほんをみんなにかしだしますへんきゃくぼっくすのほんがぐちゃぐちゃのときにほんをせいりします

たのしかったのがしゅくはくがくしゅうでかれーをつくったことですかれーのぐざいはじぶんたちできってつくったのですごくおいしかったですとうげいではじぶんですきなのをつくりましたわたしはこっぷをつくりましたすごくたのしかったです

楽しかったのが宿はく学習でカレーの具材は自分たちで切って作ったことですか。とうおいしかったです。わたしはコップを作りました。とう芸では自分で好きなのを作りましたのをつくりましたわたしはたのしかったです

テーマが違うからこそ，ひらがなばかりの文はすぐにはなかなか読めません

たのしかったのがしゅくはくがくしゅうでかれーをつくったことですかれーのぐざいはじぶんたちできってつくったのですごくおいしかったですとうげいではじぶんですきなのをつくりましたわたしはこっぷをつくりましたすごくたのしかったです

楽しかったのが宿はく学習で、カレーを作った事です。カレーの具材は、自分たちで切って作ったのでおいしかったです。とう芸では、自分で好きな物を作りました。わたしはコップを作りました。すごく楽しかったです。

最後に，他のテーマで書いた友だちの短文を漢字に変換します

漢字の音・訓どっちかな？

ねらい

漢字の読み方を聞いて，その読み方は「音」「訓」どちらかを判断するゲームを通して，漢字の読み方の理解を深める。

概要

提示された漢字の読み方を聞いて，読み方が「音」なのか「訓」なのかを判断するゲームです。

カードの表にこれまでに習った漢字を書き，裏には，「音」と「訓」の読み方や，熟語を書いておきます。出題者は，その漢字を見せながら，「音」「訓」どちらかの読み方で伝えます。回答者は，その読み方が「音」なのか「訓」なのかを判断し答えます。ただし，声で答えるのではなく，体の動きで答えます。例えば，以下のような動きがあります（どちらを答えたのかわかりやすい動きにするとよいでしょう）。

● 「音」⇒右手をあげる 「訓」⇒左手をあげる
● 「音」⇒立つ 「訓」⇒座る
● 「音」⇒つまさきタッチ 「訓」⇒頭をタッチ

慣れてきたら「茶色（音・訓）」「木曜日（音・音・訓）」などの熟語で出題し，テンポよく連続した動作で答えるようにしてもおもしろいです。

（手島　知美）

ポイント

●読み方の「音」「訓」を考え，動きを加えて楽しく覚えさせるべし！

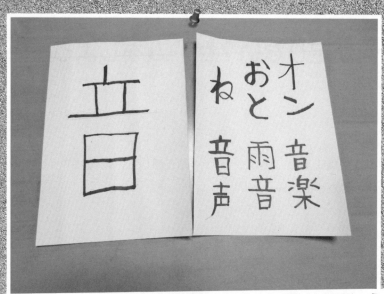

カード（左が表，右が裏）は漢字の音訓学習時に1人1枚つくっておくとよいでしょう

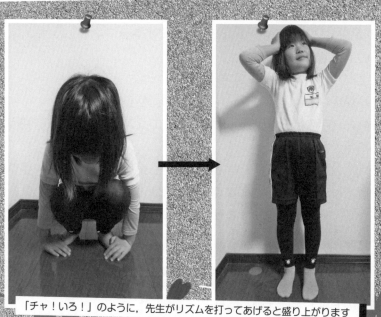

「チャ！いろ！」のように，先生がリズムを打ってあげると盛り上がります

何が足りない？ゲームをしよう！

　漢字の足りない部分を考え，補う活動を通して，間違えやすい字の画や字形を楽しく覚える。

概要

　提示された漢字の足りない部分を考えて答えるゲームです。ただ足りない部分を考えて答えるだけでなく，運も試されます。

　まず，曲がるストローをいろいろな長さに切った「ストローくじ」と，「どこかが足りない文字のカード」を用意しておきます。

　ゲームの流れは以下の通りです。

①クラス全員が「ストローくじ」を引く。

②「どこかが足りない文字カード」を教師が見せる。

③提示された文字の足りない部分にぴったりの「ストローくじ」を持っていた人に拍手！

　漢字だけでなく，ひらがなでもカタカナでも楽しめます。また，足りない部分を一画だけではなく，二画に増やして出題したり，「何人かのストローくじを使って，一文字完成させよう！」と投げかけ，グループで楽しむこともできます。

（手島　知美）

ポイント

●くじ引きのドキドキで活動を盛り上げるべし！

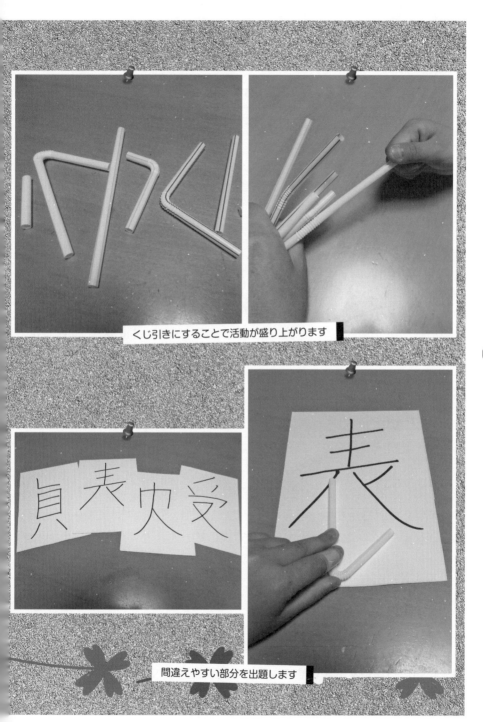

くじ引きにすることで活動が盛り上がります

間違えやすい部分を出題します

写真の中から，漢字で表せるものを見つけよう！

ねらい

　写真の中から漢字で表せるものを見つけ出し，短文をつくる活動を通して，漢字で表現することの楽しさを実感する。

概要

　見慣れた帰り道の風景の写真の中から，漢字で表せるものを見つけ，短い文で表現してみる活動です。

　まずは，みんなで写真をよく見ます。「こんなところにつくしが生えてる。つくしってどんな漢字？」。ここで漢字辞典の登場です。「なるほど，『土筆』か」。子どもたちのつぶやきが，学びを活性化させます。そこで教師は「○○さん，最初『こんなところにつくしが生えてる』って言ったよね？　もう短文ができているね」と声をかけます。

　そして，「写真の中にもっと漢字で表せそうなものはないかな？」と問いかけます。子どもたちは，写真に目をこらします。「あった！　『鳥』がいるよ」と子どもが言うと，「では，短文で表してみて」とすかさず投げかけます。「帰り道ではよく鳥が鳴いたり，空を飛んだりしています」。

　このようなやりとりを経て，各自で写真の中から漢字で表せるものを見つけ出し，短文をつくる活動を展開していきます。

（藤井　大助）

●子どもたちが短文に表しやすい身近な風景を選ぶべし！

モニターに大きく写真を映し，まずは漢字で表せるものを見つけます

順番に短文を黒板に書いてもらいます

慣用句さがしに
チャレンジしよう！

ねらい

　ゲーム要素のある活動に楽しみながら取り組むことを通して，様々な慣用句を覚える。

概要

①慣用句さがしにチャレンジ（右ページ上段）

　消しゴムを持ちます。そして，消しゴムをワークシート上で転がして，消しゴムが止まった漢字を使った慣用句を辞典で探してワークシートに書き込んでいきます。

　５回消しゴムを振って，５つの慣用句と意味を調べて書きます。

②慣用句すごろくにチャレンジ（右ページ下段）

　サイコロを振って，すごろく感覚でグループ内の人と楽しみながら進めていく活動です。

　出た目の数だけ進んで，止まったマスの漢字を使った慣用句をノートに書いていきます。辞典で探して書くのももちろん OK ですが，友だちからもヒントをもらうこともでき，一緒に楽しく勉強をすることができます。

　楽しみながら慣用句を覚えさせていきましょう。

（比江嶋　哲）

ポイント

●友だちと一緒に，楽しく取り組ませるべし！

慣用句さがしにチャレンジ

名前（　　　　　　　　　　　　　　）

口	手	足
足	頭	耳
口	顔	手
目	鼻	足
首	腹	首
手	口	目

	⑤	④	③	②	①
慣用句					
意味					

体にかかわる慣用句さがしです

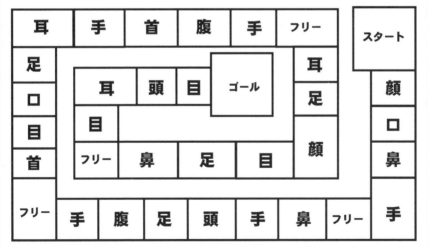

フリーのマスは好きな体の部位が書けます

101

いろいろな熟語を使って，日記を書こう！

ねらい

既習漢字の熟語を使って文章を書く活動を通して，熟語を使う意識を高める。

概要

漢字には，様々な熟語があります。熟語を使って文章を書くことで，漢字を使う意識が高まるとともに，語彙も増えていきます。

まず，お題となる漢字を決めます。音訓読みを確認した後，それらを使って日記形式のお話をつくっていきます。

「つくり話あり」とすることで，内容の自由度が上がります。

また，「楽しい日記」「びっくりする日記」などのようにテーマを決めます。テーマがあることで，文章の内容を考える楽しさが生まれます。

そして，子どもたちと辞書を活用して，様々な熟語を調べていきます。新しい熟語を知ることもできますし，多くの熟語に触れることができます。こうして，様々な熟語を組み合わせた，創意工夫のあふれる文章ができ上がります。

完成した子どもたちの日記を共有したり，使った熟語の数をポイント制にしたりするなど，様々な工夫を取り入れ，楽しく漢字を使っていきます。

（渡部　雅憲）

ポイント

●辞書を活用して，様々な熟語に触れさせるべし！

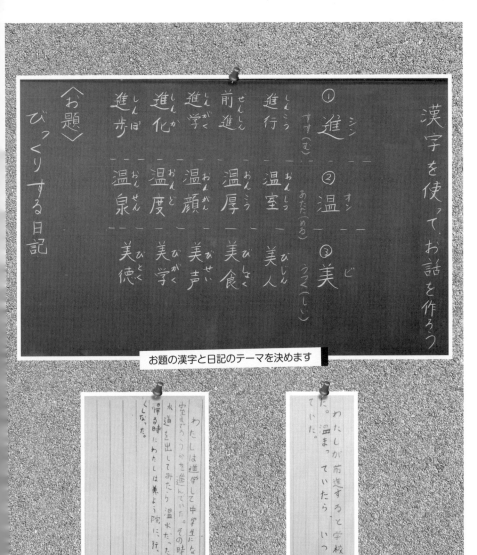

漢字を使って、お話を作ろう

① 進　シン　すす(む)
進行（しんこう）
前進（ぜんしん）
進学（しんがく）
進化（しんか）
進歩（しんぽ）

② 温　オン　あたた(める)
温室（おんしつ）
温厚（おんこう）
温顔（おんがん）
温度（おんど）
温泉（おんせん）

③ 美　ビ　うつく(しい)
美人（びじん）
美食（びしょく）
美声（びせい）
美学（びがく）
美徳（びとく）

〈お題〉
びっくりする日記

お題の漢字と日記のテーマを決めます

わたしは進学して中学生になった。わたしは一年二組の教室すろうかを進んでいた。その時、水道の方があたたかな、水道を出してみたら温水だったっっ。まごころ帰る時にわたしは美よう院に行ったっ。そしたらかみだけ美くなった。

た。温まっていたら、いつのまにか美声にな...
わたしが前進ろうと学校が温泉になっていた。...ていた。

「つくり話あり」とすることで，内容の自由度が上がります

筆順を間違えやすい漢字を選んで，出題し合おう！

ねらい

　間違えやすい筆順の問題を出題し合う活動を通して，効果的に漢字の筆順の学習を行うとともに，筆順への意識を高める。

概要

　子どもたち自身が筆順を間違えやすい漢字を選び，問題を作成して解き合う活動です。

　まず，既習の漢字から，筆順を間違えやすい漢字を選びます。紙の表には，問題となる漢字を左上に小さく書きます。裏には，答えの漢字を大きく書き，1画ごとに番号（筆順）を書きます。

　ポイントは，裏面で筆順を間違えそうな部分を赤色にすることです。そうすることで，作成する側も答える側も，その漢字のどの部分が間違えやすいのか意識することができます。

　問題ができ上がったら，友だちと交換して解き合います。

　この活動を通して，「間違えやすいのはどの漢字かな」「どの部分が間違えやすいかな」と筆順への意識が高まります。また活動を積み重ねていくと，間違えやすい漢字が集まった問題集ができ上がり，より効果的な学習につながります。

（渡部　雅憲）

ポイント

● 「ここが間違えそう！」という部分を赤で書かせるべし！

表

歯

裏

間違えそうな部分を赤色で書きます。

出題の様子

子どもたち自身が考える間違えやすい漢字なので，とても効果的に筆順の学習ができます

画数リレーをしよう！

ねらい

　リレー形式で，画数に合った漢字を書いていく活動を通して，筆順や画数への意識を高める。

概要

　画数が一画の漢字から順番に一画ずつ増やしていき，リレー形式でつないでいく活動です。

　最初は，一画の漢字からスタートします。次は，画数が二画の漢字，さらに三画…とつないでいきます。

　リレーで回ってきた画数の漢字を見つけるためには，正しい筆順で書く必要があります。子どもたちは「一！　二！　三！…」と，友だちと筆順を確かめながら漢字を探していきます。

　どんどん画数が多くなっていくと，自然と漢字を空書きして，「これ十二画じゃないかな？」「いや，それは違うよ！」「じゃあ，これは…？」と夢中になって漢字を書いていきます。

　また，漢字辞典，教科書など様々なツールを使うと，子どもたちはどんどん新しい漢字を探していきます。最後にみんなで一画ずつ筆順をしっかりと確認することも大切です。

（渡部　雅憲）

ポイント

●全員で一画ずつ筆順を確認しながら画数を確かめるべし！

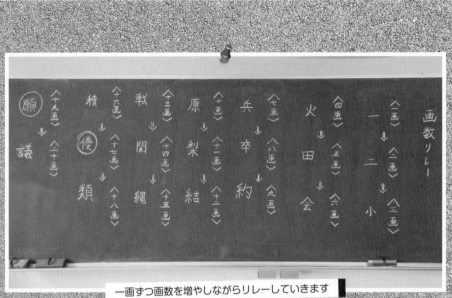

一画ずつ画数を増やしながらリレーしていきます

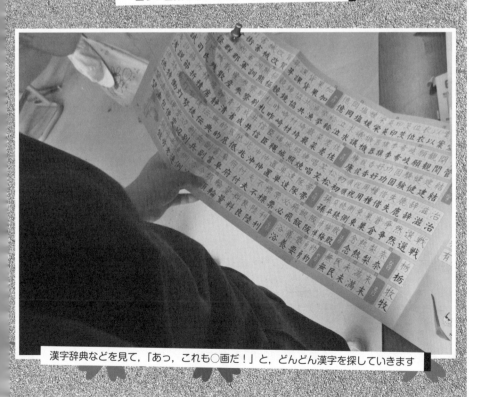

漢字辞典などを見て,「あっ,これも○画だ!」と,どんどん漢字を探していきます

高学年

漢字一字プレゼン をしよう！

ねらい

自分を表す漢字一字を紹介し合う活動を通して，漢字の意味をより深く知り，自分のことを漢字で伝えてお互いを知り合う楽しさを感じる。

概要

高学年となると，これまでに多くの漢字を学習してきていますが，漢字の意味を理解することが，漢字を正しく書けるようになるうえで大事になってきます。「漢字一字プレゼン」では，漢字辞典などを使いながら，自分自身を表す漢字一字を3つ選び，それらについてプレゼンテーションします。

この活動は，「漢字の意味をより深く知ること」「漢字を通して自分自身について伝え，お互いを知り合う楽しさを味わうこと」の2点をねらいとしています。「漢字の意味を知ることって楽しい！」「この漢字にはこんな意味があったんだ！」「早く自分のことを新しい友だちに知ってほしい！」「自分の考えていることを知ってもらうのって気持ちいい！」といった子どもたちの声が聞こえてくるようにしたいものです。

また，友だちのプレゼンテーションに共感的に反応しながら聞くことの大切さも伝えます。「一年間，お互いに気持ちよく楽しく学習していきたい！」と，感じてもらいたいものです。

(佐藤　司)

ポイント

●自己紹介を通して，漢字への興味関心を高めるべし！

自分の性格，好きなこと，得意なことなどを漢字一字で表します

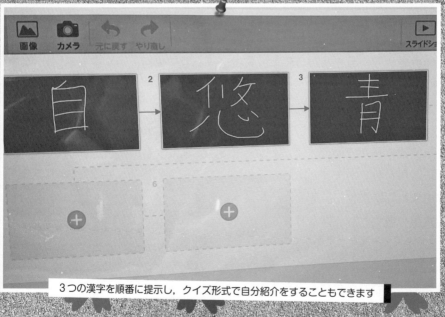

3つの漢字を順番に提示し，クイズ形式で自分紹介をすることもできます

万葉仮名で自己紹介をしよう！

ねらい

　万葉仮名について知り，万葉仮名を用いた文章を書くことで，仮名の成り立ちや漢字の役割に興味をもつ。

概要

　日本で使われている文字の歴史をさかのぼり，漢字が果たしてきた役割について考える学習です。

　まずノートに，３行程度で簡単に自己紹介の文章を書きます。次に，万葉仮名と，平仮名や片仮名の成り立ちについて教師が説明します。そして今度は，先ほど書いた自己紹介文を万葉仮名を用いて書きます。その際は，仮名の早見表や教科書を参照します。最後に，お互いの自己紹介文を音読し合います。

　子どもたちは，万葉仮名を用いて文章を書いたり，読んだりする大変さを実感するでしょう。しかし，万葉仮名は「ワカタケル大王」の鉄剣がつくられた時代から平安時代まで，少なくとも100年以上も日本人の言語文化を支えたと言われています。また，日本独自の平仮名や片仮名も，漢字がなくては生まれていません。そのような漢字の功績に，子どもたちと思いを巡らせる貴重な機会となるはずです。

（菊地　南央）

ポイント

●面倒と思われがちな，漢字の意義や大切さを考えさせるべし！

万葉仮名 で自己紹介！

日本語の発音を表すために、漢字の音を借りて表されたもの

ぼくのなまえは、きくちなおです。

すきなスポーツは、サッカーとサーフィンです。すきなフルーツは、ももです。

← 煩久乃奈末衣波、幾久知奈於天寸。寸幾奈須保引川波、散川加引止散引不伊尓傳寸。寸幾奈不流引川波、毛毛傳寸。

教師が書いた見本を提示します

一字一字，確かめながら字を書いていきます

露往霜来と同じ意味の四字熟語をつくろう！

（ろ おうそうらい）

ねらい

「露往霜来」と同義の四字熟語を創作する活動を通して，同義の四字熟語が複数存在することを学んだり，意味を考えたりする。

概要

6年生の年度はじめにおすすめの活動です。

「露往霜来」とは，露の季節が去ると霜の季節がやって来ることから，時の流れが早いことを意味します。同じ意味の四字熟語として，「烏兎怱怱」（う と そうそう）「兎走烏飛」（と そう う ひ）や，「歳月不待」（さいげつ ふ たい）などがあります。太陽には烏が，月には兎が住んでいるという中国の伝説から「烏兎」は「月日」を表します。扱っている事柄がまったく異なっていても，同義の四字熟語が存在することを学ばせます。複数存在することから，この意味が日常の生活で多くの人々に実感されていたことがわかります。

自分の生活の実感から，「露往霜来」と同じ意味の四字熟語を創作し，創作した四字熟語について，内容や背景を発表します。授業の最後に，なぜ6年生の年度はじめにこの授業を行ったかを考えさせます。6年生は学校のリーダーとして忙しく，まさに「露往霜来」の一年になります。だからこそ，学級の仲間と共に一日一日を大切にしてほしいというメッセージを伝えます。

（大江 雅之）

ポイント

●同義の四字熟語が複数存在することを学ばせるべし！

学習内容とメッセージを簡潔に分かりやすく板書に残します

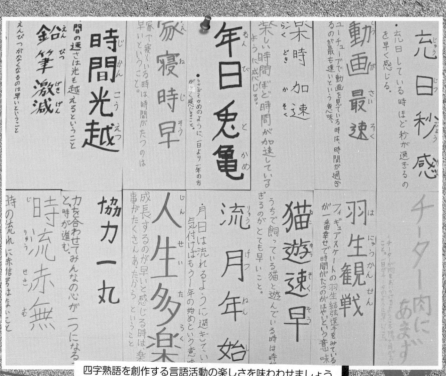

四字熟語を創作する言語活動の楽しさを味わわせましょう

113

漢字組み立て５・７・５を
つくろう！

ねらい

　５・７・５の中に，漢字のパーツを２つと，その２つを組み合わせた漢字を入れる活動を通して，漢字の組み立てや意味を意識する。

概要

　右ページ上段の写真のように，５・７・５の中に，漢字のパーツを２つと，その２つを組み合わせた漢字を入れる活動です。

　漢字を覚えていくうえで，その漢字の組み立てがどのようになっているかを理解することは大切で，そうすることにより，漢字の意味にも意識が及びやすくなります。さらに，俳句のリズムにのせることで，記憶に残りやすくなります。

　教師が見本を示した後，各々が学習した漢字から１文字選び，５・７・５をつくります。

　子どもたちがつくった５・７・５は，クラスの中で発表させます。

　一番楽しいのは，クイズにすることです。つくり方は２通りあります。１つは，でき上がりの漢字をブランクにして考えさせるものです。もう１つは，パーツをブランクにして考えさせるものです。板書させてみんなで考えたり，隣同士をペアにして問題を出し合わせたりします。

（小林　康宏）

ポイント

●クイズにして楽しむべし！

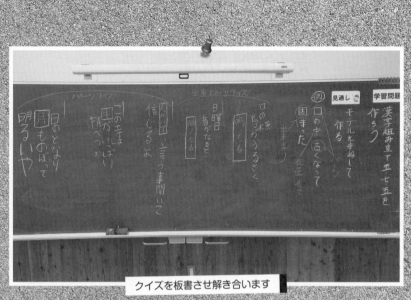

クイズを板書させ解き合います

隣同士でペアになって問題を解き合うのも楽しいです

思いついた言葉を
熟語で連想しよう！

ねらい

連想した言葉を熟語に言い換える活動を通して，漢字を覚え，語彙力を高める。

概要

1つの言葉から様々な連想をする活動に，「連想してつなげるのは熟語のみ」というルールを加えた活動です。

連想ゲームでは，様々な言葉をつなげていきますが，その言葉をすべて熟語にしていきます。最初は，漢字2文字のように字数も指定すると活動しやすくなります。辞書を活用したり，習っていない漢字を使ったりすることも認めることで，新しい言葉や漢字に自然と触れる機会も生まれていきます。

例えば，「6年生」という言葉から，「楽しい」を連想します。子どもたちは，「『楽しい』という意味を表す熟語って何だろう？」と考えていきます。そして，友だちと話し合ったり，辞書で調べたりしながら，「愉快」や「笑顔」という熟語にたどり着きます。このように，連想した言葉を熟語に言い換えることで，漢字や語彙の獲得につながっていきます。また，辞書で調べた熟語は，意味も聞き，全体で共有することが大切です。自分が思い浮かべたものが，どんな熟語だと表現できるか，どんどん考えてつなげていきます。

(渡部　雅憲)

ポイント

●文字数や該当学年の学習漢字が入った熟語などルールを明確にするべし！

辞書や教科書を使ってどんどん熟語を調べていきます

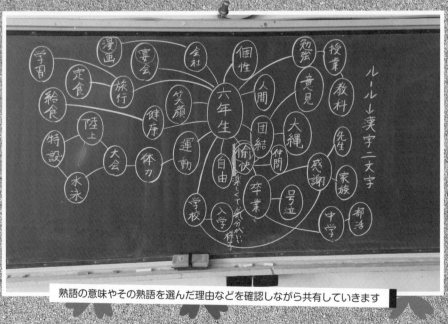

熟語の意味やその熟語を選んだ理由などを確認しながら共有していきます

漢字の復習ページで，スピード言葉探しとウソ日記を楽しもう！

ねらい

教科書の漢字の復習ページを使って，前学年に学習した漢字を楽しく振り返ったり，活用したりする。

概要

教科書会社によって呼び名は違いますが，光村図書だと「漢字の広場」という前学年の漢字の学習ページがあります。このページを使います。

はじめは，正しく読めるかの確かめをします。教師がそのページに書いてある言葉を読み上げます。子どもたちは，早くその言葉を見つけて，見つけたら指さします。ペアやグループで早く見つけた方が勝ちなどとゲーム性をもたせると盛り上がります。ダウトとして，そこに書いていない言葉を読み上げたり，違った読み方をしたりしてもよいでしょう。

スピード言葉探しが終わったら，載っている言葉を使ってウソ日記を書いていきます。ウソ日記とは，空想の日記です。ただ，ダラダラと書くのではなく，制限時間（5分程度）を設けて，その中でなるべくたくさんの熟語を使って書くようにします。制限時間は子どもたちの実態に応じて変えていきましょう。書き終わったら，いくつ言葉を使うことができたのかを数えます。たくさん使うことができた人が「ウソ日記チャンピオン」です。

（佐藤　司）

ポイント

●復習のページもアレンジして楽しむべし！

ペアで早く言葉を見つけた方が勝ち！

教科書の該当のページを左に
原稿用紙を右に置きます

子どもが実際に書いたウソ日記

「わたしの〇〇な漢字」を 伝え合おう！

ねらい

　漢字のイメージを友だちと交流することを通して，漢字への見方を豊かにする。

概要

　漢字は意味をもち，そこから派生するイメージがあります。そこで，自分がもっている「〇〇な漢字」のイメージを伝え合い，漢字の意味について理解を深め，広げていきます。

　例えば，「強そうな漢字」「優しそうな漢字」「元気をくれそうな漢字」「自分を表す漢字」などです。また，意味だけでなく，「形が美しい漢字」「なかなか美しく書けない漢字」など，字形をテーマにしてもよいでしょう。

　クラスでテーマを9つ決めます。テーマが決まったら，マトリックスに，「わたしの（一番）〇〇な漢字」をテーマごとに9つ書きます。

　マトリックスが埋まったら，友だちと交流します。ペアをつくり，「わたしの〇〇な漢字は□です。あなたの〇〇な漢字は何ですか？」と交流をしていきます。どうしてその漢字を選んだのか，理由も話ができるとよいでしょう。自分とは違う漢字に対する見方を楽しみながら交流します。

（佐藤　司）

ポイント

●漢字の意味やイメージを膨らませて，漢字を楽しむべし！

○○な漢字を考えよう。

強そうな　　　　　書き順がややこしい
形が美しい　　　　おいしそう
かんたんな　　　　好きな
なかなか覚えられない　きらいな？ →苦手？
　　　　　　　　　　　　　　　　ちがう

子どもたちとやりとりをしながらテーマを考えていきます

わたしの○○な漢字

（　　　）組（　　　）番　名前（　　　　　　　）

強そうな漢字	書き順がややこしい漢字	優しそうな漢字
形が美しい漢字	好きな漢字	苦手な漢字
簡単な漢字	励まされる漢字	難しい漢字

マトリックスの中に漢字を1つずつ書き，交流します

漢字ランキングクイズを
つくろう！

ねらい

　漢字のイメージを友だちと交流することを通して，漢字の見方を豊かにする。

概要

　前項で，「わたしの○○な漢字を伝え合おう！」を紹介しました。ここで紹介するのは，そのアレンジ版です。

　各自がテーマを考えて，そのテーマに合う漢字ベスト３をノートに書いていきます。例えば，「強そうな漢字」「好きな漢字」「書き順がややこしい漢字」「形が美しい漢字」「いつもテストで間違えてしまう漢字」など…です。後ほどクイズにするので，テーマは友だちにわからないようにして書いていきます。

　このようにして「○○な漢字ベスト３」を各自がノートに書いたら，学級で１人出題者を決めて，クイズをします。漢字は，出題者が黒板に書いたり，プレゼンテーションソフトで映したりして出題します。このようにクラス全体でクイズ大会を行うこともできますし，ペアやグループで出題し合う楽しみ方もあります。

（佐藤　司）

ポイント

●漢字の意味やイメージを膨らませて，クイズを楽しむべし！

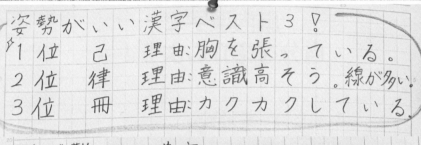

姿勢がいい漢字ベスト３！
1位　己　理由:胸を張っている。
2位　律　理由:意識高そう。線が多い。
3位　冊　理由:カクカクしている。

形が難しい漢字
1位　警　理由:書き順が多く、くずれやすい。
2位　織　理由:それぞれの大きさを調整しにくい。
3位　派　理由:7画目をはらいそうになる。

自分でテーマを決めて，「○○な漢字ベスト３」をノートに書きます

■■■さんの考えた（　？　）がいい漢字！

1位　　　　2位　　　　3位

己　律　冊

プレゼンテーションソフトでクイズを作成し，提示します

脳内漢字で
自分を紹介しよう！

ねらい

漢字で今の自分の考えや感情を表現することを通して，漢字の意味を考える。

概要

「脳内メーカー」というウェブ上のサービスの要素を取り入れた活動です。今の自分の考えや感情を，漢字９つで表現するだけですが，９つ書けない場合や，強調したい漢字がある場合は，同じ漢字を複数書いてもよいことにします。漢字を書く場所や大きさでも意味をもたせることができます。

以下の手順で進めていきます。

①教師が例を示し，子どもたちにイメージをもたせます。

②ワークシートを配ります。

③思いついた漢字をワークシートに書き込みます（「辞書を使いたい」という子どもがいたら，大いに称賛しましょう）。

④友だちと見せ合って，交流します。

この活動は，自己紹介の場面，夏休みの出来事を紹介する場面など，様々な場面で行うことができます。

（佐藤　司）

ポイント

●漢字は自分の気持ちを伝えるツールであることを実感させるべし！
●漢字には意味があることを改めて理解させるべし！

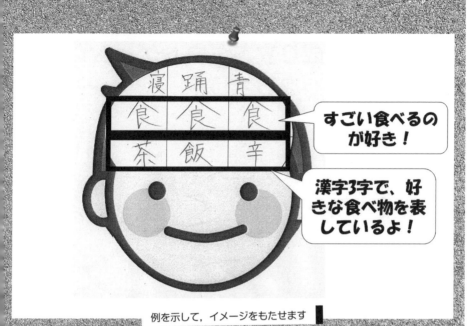

例を示して，イメージをもたせます

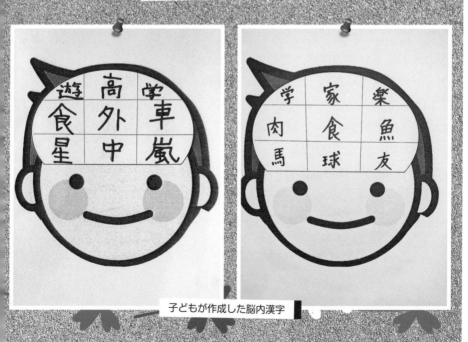

子どもが作成した脳内漢字

漢字の成り立ちダウトゲーム をしよう！

ねらい

漢字の成り立ちをカードゲーム形式で交流することを通して，漢字の4つの成り立ちを意識して覚える。

概要

習った漢字をカードに書いて，トランプの「ダウト」のようにして遊ぶゲームです。3～4人で行います。カードは15～16枚程度です。

まず，漢字の成り立ちの4つの種類（象形文字，指事文字，会意文字，形声文字）について，教科書の説明に書いてある漢字や，例題に書いてある漢字をカードに1つずつ書き，そのカードを配ります。

カードが行き渡ったら，1枚ずつその種類を言って，真ん中にカードを出していきます。例えば，「象形文字！」と言って，「山」のカードを出します。まわりの人はそれが合っていると思ったらスルーして次の人に，違うと思ったら，「ダウト！」と言います。

「ダウト」だった場合は，カードを出した人が真ん中のカードをすべて取ります。「ダウト」でなかった場合は言った人がすべて取ります。

こうして，一番早くカードがなくなった人が勝ちです。

楽しみながらどんどん漢字の成り立ちを覚えさせていきましょう。

（比江嶋　哲）

ポイント

●リズムよく出していって，楽しく考えさせるべし！

裏に答えを書かない方が，出す人も間違うのでおもしろくなります

「パンパン！」「象形文字！」などのリズムですると止まらず進みます

二字熟語の構成を
神経衰弱で覚えよう！

漢字二字でできている熟語の構成を，同じ種類でそろえていく活動を通して覚える。

概要

二字熟語の構成の種類を，神経衰弱形式で楽しんで覚える学習です。2〜4人程度でするとよいでしょう。

まず，カードを8枚用意して4種類の二字熟語を2組ずつ書きます。

①似た意味の漢字の組み合わせ（岩石，救助など）

②意味が対になる漢字の組み合わせ（大小，強弱など）

③上の字が下の字の意味を説明している（新米，鉄橋など）

④上の字が動作や作用を表し下の字がその対象を表す（登山，帰国など）

次に，そのカードを裏返しにして，バラバラに置きます。

一人目から順に，神経衰弱の要領でカードをめくり，同じ種類のものだったら，そのカードを取ることができ，続けてめくることができます。

カードの組み合わせが間違っているのに取って自分のものにしていたら，カードを戻して1回休みです。

慣れてきたら，熟語のカードを増やすと，難しくなって盛り上がります。

(比江嶋　哲)

ポイント

●カードを増やして，どんどん難しくしていくべし！

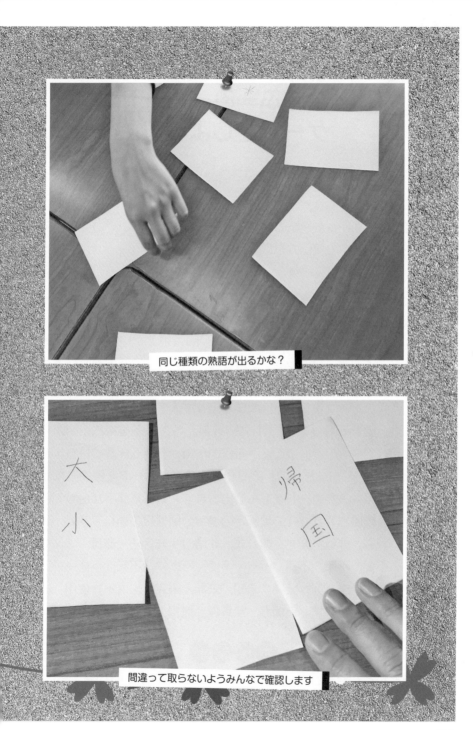

同じ種類の熟語が出るかな？

大
小

帰
国

間違って取らないようみんなで確認します

「ひーふーみーむー」
ゲームをしよう！

ねらい

　否定の漢字を使った熟語のゲームを楽しみながら解いていくことを通して，否定の漢字の使い方を意識して覚える。

概要

　「ひーふーみーむー」とは，「非」「不」「未」「無」という４つの否定の漢字のことで，上の漢字が下の漢字を打ち消す意味をもつ働きがあります。これらの漢字の使い方をゲーム形式で楽しみながら覚えます。

　まず，４人グループをつくり，問題を出す１人と，答える人を決めます。答える人は，それぞれ「非」「不」「未」「無」のカードを持ち，問題を出す人はそれぞれの言葉の後につく漢字を書いたカードを５〜６枚持ちます。

　「ひーふーみーむー，せーの」で問題を出す人がカードを置いて，それに続いて，答える３人がカードを選んで出します。選んだ漢字が合っていて，早く出せた人の勝ちです。４つの否定の漢字の例は次の通りです。

ひ（非）…非道，非行，非礼，非公式，非常口，非合法，非難
ふ（不）…不要，不幸，不運，不安，不便，不燃物，不利，不信
み（未）…未来，未（非）公開，未知，未開，未完，未（不）使用
む（無）…無理，無表情，無関心，無意識，無視，無難

（比江嶋　哲）

ポイント

●問題をどんどん増やして，語彙を豊かにしていくべし！

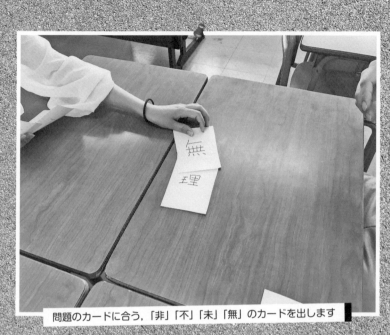

問題のカードに合う,「非」「不」「未」「無」のカードを出します

同じ漢字が出たときは，早く出した方が勝ちです。

 高学年

漢字ビンゴをしよう！

ねらい

　新出漢字の復習をビンゴゲームにして楽しみながら行うことを通して，漢字の定着を図る。

概要

　新出漢字を，ビンゴゲーム方式で復習する方法です。

①新出漢字を使った熟語の中から10個程度を指定し，家庭学習でビンゴゲームに向けて繰り返し学習に取り組みます。

②縦横3マスずつのビンゴカードに，学習した熟語のふりがなをランダムに書きます。カードが完成したら，ゲーム開始です。

③教師がふりがなが書かれたくじを引き，子どもはそのふりがなが書いてあるマスに漢字を10秒以内で書きます。10秒経ったら，教師は黒板に答えを書きます。正しく書けていれば，○をつけ，1点です。誤っていれば赤字で直します。

④○がついているマスが1列そろえばビンゴです。熟語が3つめでビンゴになれば10点，4つめでなれば9点，5つめでなれば8点…のように得点をつけます。正しく書けた漢字の点数と，ビンゴの点数を合計して競います。

（菊地　南央）

ポイント

●偶然の楽しさを生かしながら，繰り返し書く機会をつくるべし！

漢字ビンゴカード

【得点】
〇ビンゴポイント
3つ目でビンゴ → 10点
4つ目でビンゴ → 9点
5つ目でビンゴ → 8点
※1つ増えることに、1点ずつ減っていく。

〇漢字ポイント
10秒以内に、正しく漢字が書けたら1点。
×はみ出し ×つなげ字

ビンゴポイント	
漢字	
合計	

上のようなビンゴカードを使用します。

1マスごとに歓声をあげながら楽しく漢字を書いています

高学年

プログラミングで，漢字の成り立ちを楽しく学ぼう！

ねらい

　音を表す部分と意味を表す部分の組み合わせで漢字が成り立っていることを，プログラミングを通して理解する。

概要

　まず，漢字の中には，音を表す部分と意味を表す部分が組み合わさってできている漢字（形声文字）があることを学びます。そして，形成文字には，どんな漢字があるのかを考えます。次に，「メガネ」という仕組みで，直感的にプログラミングをすることができるプログラミング言語「Viscuit」（https://www.viscuit.com/）を使い，ゲームをつくります。

「粉」という漢字を使ったゲームのつくり方（例）

①部品をかき，ステージ下の方に発射台，その上の方に「分」を置く。

②メガネを使って，発射台をタッチすると「米」が出てくるようにプログラムをつくる。

③出てきた「米」が上に向かって進み，「米」と「分」がぶつかると「粉」になるようにプログラムをつくる。

　このプログラムを基本として，「米」と組み合わせる他の部分を考えたり，発射台や漢字が動くようにしたり，いろいろなアレンジができます。

（薄　玲那）

ポイント

●プログラミングを楽しみながら，漢字の成り立ちを捉えるべし！

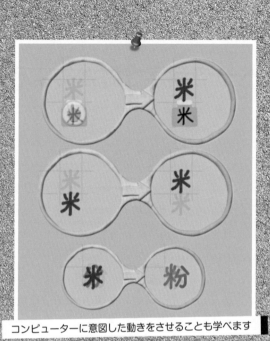

コンピューターに意図した動きをさせることも学べます

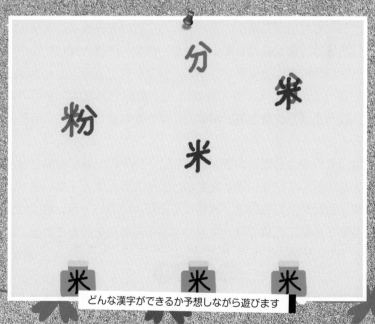

どんな漢字ができるか予想しながら遊びます

しゃべって漢字を確かめよう！

ねらい

ICT 機器の音声入力機能を使うことを通して，既習の漢字を確かめ，文章の中で使うことができるようになる。

概要

漢字は，文章の中で使えなくては学習した意味がありません。しかし，作文の学習などで，教師が添削して漢字を直すのにはかなりの労力が必要です。そこで，ICT 機器の音声入力機能を使った校正を提案します。この方法を使えば，子どもたちが自分で漢字の確認を行うことができます。

この確認方法は「書くこと」の単元等で，作文の下書きをした後に行います。子どもは自分の書いた文章を文章入力ソフト等で音声入力します。使い方は機器によって異なりますが，最新の ICT 機器であれば，多くの機器に搭載され，読み上げた文章が高い精度で，漢字かな交じり文になって入力されます。

子どもは，その中から既習の漢字を探して，自分の文章に反映させます。中には，まだ学習していない漢字を見つけて使おうとする子もいます。ですから，最後に教師や友だち同士で確認するのがよいでしょう。教師に添削してもらう時間も大幅に短縮でき，業務や学習の効率化を図ることができます。

（菊地　南央）

ポイント

●日常でも漢字が使えるように，漢字を自力で添削する術を手渡すべし！

文章をタブレットに向かって読み上げると，自動的に漢字変換されます

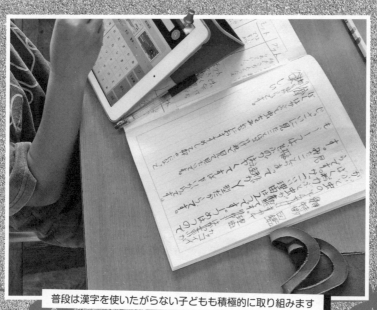

普段は漢字を使いたがらない子どもも積極的に取り組みます

漢字1字で
正解を導き出そう！

ねらい

クイズのヒントとなる漢字を考え協力して正解を導く活動を通して，漢字の知識を増やすとともに協力して学び合う雰囲気をつくり出す。

概要

テレビ番組『トリニクって何の肉!?』で行われていたクイズを取り入れる活動で，以下の手順で行います。

①代表者を4〜5人選びます。

②代表者に，クイズの答えを知らせます。（例えば，「りんご」）

③代表者は，互いに相談することなく漢字1字でヒントを出します。（例えば，答えが「りんご」なら，「赤」「果」「木」など）

④解答者は，ヒントの漢字から連想する答えを導き出します。

クラスのだれかがわかったらクリア，全員がわかったらクリア…など，クラスの実態に合わせて解答形式を変えます。「あーっ，そのヒントナイス！」「ヒントがかぶってわかりにくい〜」などと楽しみながら行います。漢字は，タブレット端末に書かせて提示してもよいですし，ホワイトボードを渡して書かせる方法もあります。

（佐藤　司）

ポイント

●絶妙な漢字1字を見つける快感を味わわせるべし！

●みんながわかるように相手を思いやる気持ちをもたせるべし！

クイズの前に教師が例示し，練習します

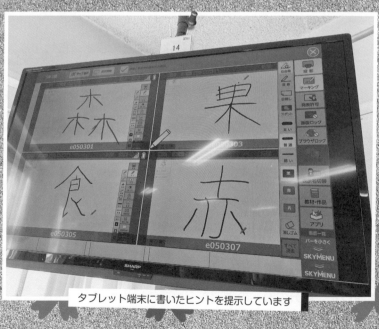

タブレット端末に書いたヒントを提示しています

高学年

「あるある漢字まちがい」を 交流しよう！

ねらい

よくある漢字の間違いを交流することで，正しく漢字が書けるように なるとともに，自分の漢字の学習を振り返る。

概要

タブレット端末に自分がよくしてしまう漢字の間違いを書き，授業支援アプリを使用して，全体で共有する活動です。「あ〜，自分もこの間違い，よくする」「あるある！」と楽しみながら取り組むことができます。漢字テスト前に行うのもおすすめです。

よくある漢字の間違いとしては，以下のようなものが考えられます。

●字形の間違い

横画が多い or 少ない，縦画が横画を突き抜ける or 突き抜けない　など

●同音・同訓の間違い

複と復，謝と射，治めると修める　など

どのように書いたらよいのかは，はじめに教師が例を提示するとよいでしょう。これまでの漢字ドリルやノートを見返しながら，よくある間違いを思い出すことで，自分の学びを振り返ることにもつながります。

（佐藤　司）

ポイント

●「あるある！」を楽しみながら取り組ませるべし！

●交流を通して，自分の漢字の学習を振り返らせるべし！

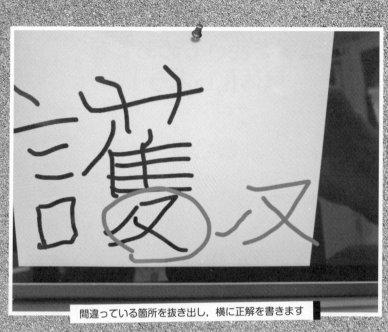

間違っている箇所を抜き出し，横に正解を書きます

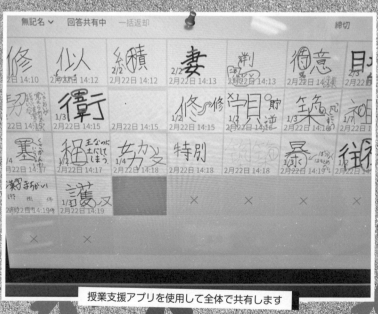

授業支援アプリを使用して全体で共有します

漢字を使ってめあてを
具体化しよう！

ねらい

　自分の願いを実現するために必要なことを考えながら漢字を調べることで，活用できる語彙を増やす。

概要

　運動会，合唱コンクール，スポーツクラスマッチなど，子どもが活動のめあてを考える機会があると思います。その機会を利用して漢字を積極的に活用する活動です。

　水泳学習のめあてを例に紹介します。まず教師が「水泳学習で今年できるようになりたいことはありますか？」と問います。すると，「クロールで25m泳ぎたい」「50mを速く泳げるようになりたい」といった子どもたちそれぞれの思いが出てきます。そこで，「では，そのめあてと，その思いを達成するために取り組むべきことを，漢字を含むひと言で，３つ考えましょう」と投げかけます。

　右ページ上段の例は，実際の授業で子どもたちが書いたものです。似ためあてでも，取り上げている漢字はまったく一緒ではないことがわかります。国語辞典やインターネット（タブレットやノートPC）で漢字を確かめながら活動できるとよいでしょう。

（藤井　大助）

ポイント

●短くても漢字を調べる時間を確保するべし！

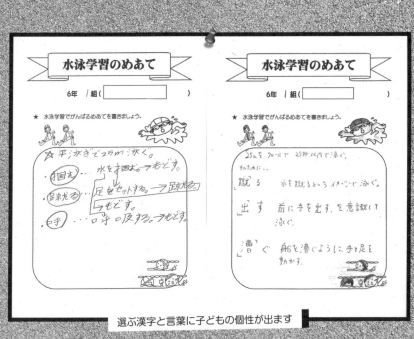

選ぶ漢字と言葉に子どもの個性が出ます

国語辞典やインターネットで漢字を確かめながら活動します

143

覚えておきたい言葉を使って PC の背景画面をつくろう！

ねらい

　新出漢字などを使って，自分の PC の背景画面をつくることを通して，進んで楽しく語彙を増やす。

概要

　今週覚えておきたい漢字や言葉などをドリルや教科書から３〜５つ選んでまとめ，PC の背景画面にする活動をします。

　まず，漢字や言葉を選びます。「11月は15の新出漢字があるから，はじめの週にがんばって５つ覚えたいな」「今週は覚えておきたい言葉も入れようかな」といった声が聞こえてきます。次に，選んだ漢字や言葉を教科書に出てくる熟語や自分でつくった文にして PC に入力します。「今回は，○○さんのように，漢字の意味も書いてみたいな」「私は短作文にしてみようかな。文にすると漢字の意味もはっきりするよ」。自分の PC の今週の背景になるので，一人ひとりの集中力は高まります。

　できあがった背景は，スクリーンショットで切り取って保存します。画像は，例えば「20211030裏胸預忘勤」というように日付＋漢字で名前をつけて保存します。こうすると，PC の保存先でぱっと見て積み上げがわかり，ますますやる気がわいてきます。

（藤井　大助）

ポイント

●つくった背景はみんなで紹介し合うべし！

144

計画的に選ぼうとすることで言葉へのこだわりも高まります

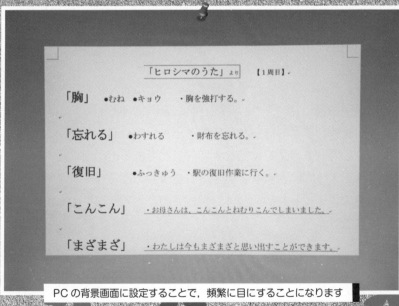

「ヒロシマのうた」より　　【1周目】

「胸」　　●むね　●キョウ　　・胸を強打する。

「忘れる」　　●わすれる　　　・財布を忘れる。

「復旧」　　●ふっきゅう　・駅の復旧作業に行く。

「こんこん」　・お母さんは、こんこんとねむりこんでしまいました。

「まざまざ」　・わたしは今もまざまざと思い出すことができます。

PC の背景画面に設定することで，頻繁に目にすることになります

「間違えやすい漢字はこれだ！」選手権をしよう！

ねらい

みんなが間違えやすい漢字を発表する活動を通して，漢字のポイントを押さえるとともに，楽しくコミュニケーションできる雰囲気をつくる。

概要

既習の漢字の中から，間違いやすい漢字だと思うものを各自1つ選びます。また，ゲーム性をもたせるために，「同じ漢字を選んでいたら，1ペアで1ポイント，2ペアで2ポイント」といったポイント制にします。

選んだらホワイトボードなどに書き，1人ずつ発表していきます。発表が始まると，自然と「あ〜！」「その漢字を選ぼうか悩んだ！」など，様々な反応が出てきます。そうした反応は，意見を発表する人が話しやすくなる大切なものです。こうした反応が子どもたちから出たら，すぐに称賛します。また，同じ漢字を選んでいると，発表された瞬間に「おー！」と一気に学級が盛り上がります。子どもたちから自然と出た反応や楽しんでいる雰囲気のよさが，学習していくうえでとても大切なことであるということを共有して，その後の学習に入っていきます。発表された漢字のどこが間違えやすいと思ったか，漢字のポイントを学級全体で押さえることで，漢字のちょっとした学習にもなります。

（渡部　雅憲）

ポイント

●子どもたちの自然なリアクションを称賛し，雰囲気を盛り上げるべし！

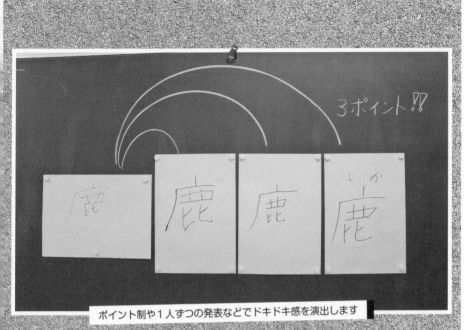

ポイント制や１人ずつの発表などでドキドキ感を演出します

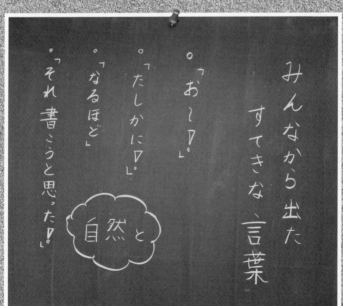

相手への反応は，楽しい雰囲気，話す人の話しやすさにつながることを共有します

私の漢字学習法を後輩に伝授しよう！

ねらい

後輩に漢字の学習方法を伝えることを通して，自らの学習方法を振り返る。

概要

高学年になると，子どもたちは様々な漢字の学習方法を経験しています。自分に合った漢字の学習方法を見つけていくことも大事です。

そこで，「○年生に漢字の学習方法の秘訣を教えてあげよう！」と投げかけ，目的意識，相手意識をもって自らの漢字の学習の仕方について振り返らせます。

伝える方法は，簡単なスライドを作成する，短いスピーチを行う，といったもので，それらを後輩たちに見せます。学習方法について普段から意識していないとすぐには思いつかないので，考える期間を設けるようにします。授業支援アプリを使用すると，ノートの写真などの資料を使いながら，書いてまとめていくこともできます。YouTubeっぽく，動画で伝えようとする子どももいるかもしれません。伝える方法も子どもたちに任せて，楽しみながら取り組んでいきましょう。

(佐藤　司)

ポイント

●自らの学習の仕方に目を向けさせるきっかけにするべし！
●学習方法を振り返ったり，伝える方法を考えたりする期間を設けるべし！

私が勉強で大切だと思うこと

1、丁寧さ

何事もある程度丁寧にすることが大切。
丁寧にした方が、覚えやすい。
字とかを丁寧に書くことで、勉強も
丁寧に繋がると思う。

子どもたちがつくったスライド①

3、コツコツと

来週テストがあるとします。今日から勉強することはできます。
あなたは今日からしますか？テスト前日にしますか？
私は、今日から勉強することをおすすめします。テスト勉強は
毎日、少しずつすることがおすすめです。私は最初、1日で
やっていました。でも、コツコツやった方が点数が上がったんです。
それは、1日で大量の勉強をやると、集中力が切れやすいからです。
毎日少しずつやった方が絶対楽だと思います。

子どもたちがつくったスライド②

「～そうな漢字選手権」をしよう！

ねらい

　教科書の漢字をすべて読み返しながら考えることで，漢字に興味をもち，その意味や熟語などへの意識を高める。

概要

　これまでに習った漢字から，「～そうな漢字」を自分で探して，友だちと共有します。

　教科書を用意して，巻末の6年間で習った漢字のページを開きます。

　そして，先生が共通したお題を出します。例えば，「強そうな漢字」にしたとします。

　それぞれ，6年間で習った漢字から，自分が強そうだと思う漢字を1つだけ選びます。右ページ上段の写真のように，背景をピラミッドチャートにして，なぜそう思うか理由をあげて，理由を基にグループでどの漢字がより強そうかチャート上で動かしていきます。

　話し合いが終わったら，グループごとに結果を発表します。

　お題カードを用意して，グループでどんどん考えさせても盛り上がるでしょう。

　楽しみながらどんどん漢字を覚えさせていきましょう。

（比江嶋　哲）

ポイント

●理由を認め合いながら，楽しく考えさせるべし！

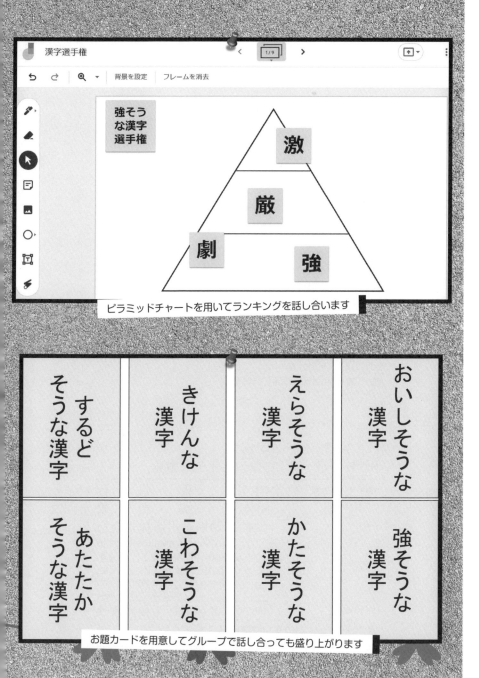

ピラミッドチャートを用いてランキングを話し合います

お題カードを用意してグループで話し合っても盛り上がります

【編著者紹介】

二瓶　弘行（にへい　ひろゆき）

桃山学院教育大学教授，前筑波大学附属小学校教諭。

【著者紹介】

国語 "夢" 塾（こくご "ゆめ" じゅく）

薄　　玲那（福島市立松川小学校）

大江　雅之（青森県八戸市立中居林小学校）

菊地　南央（会津若松ザベリオ学園小学校）

小林　康宏（和歌山信愛大学）

佐藤　　拓（北海道北見市立三輪小学校）

佐藤　　司（大阪府豊中市立寺内小学校）

宍戸　寛昌（立命館中学校・高等学校）

手島　知美（愛知県みよし市立三吉小学校）

流田　賢一（大阪市立堀川小学校）

比江嶋　哲（宮崎県都城市立西小学校）

広山　隆行（島根県松江市立大庭小学校）

藤井　大助（香川県高松市立中央小学校）

藤原　隆博（江戸川学園取手小学校）

山本　真司（南山大学附属小学校）

吉羽　顕人（東京都大田区立おなづか小学校）

渡部　雅憲（福島県須賀川市立長沼小学校）

楽しく学んでしっかり身につく！

小学校国語　漢字の学習アイデア事典

2023年9月初版第1刷刊　©編著者　二　瓶　弘　行

　　　　　　　　　発行者　藤　原　光　政

　　　　　　　　　発行所　明治図書出版株式会社

　　　　　　　　　　　　　http://www.meijitosho.co.jp

　　　　　　　（企画）矢口郁雄（校正）山根多惠

〒114-0023　　東京都北区滝野川7-46-1

振替00160-5-151318　電話03(5907)6701

ご注文窓口　電話03(5907)6668

＊検印省略　　　　　組版所 長野印刷商工株式会社

Printed in Japan　　　　ISBN978-4-18-288824-3

もれなくクーポンがもらえる！読者アンケートはこちらから